权威·前沿·原创

皮书系列为

“十二五”“十三五”国家重点图书出版规划项目

贵州国有企业社会责任发展报告（2018~2019）

ANNUAL REPORT ON DEVELOPMENT OF STATE-OWNED ENTERPRISES SOCIAL REPONSIBILITY IN GUIZHOU (2018-2019)

主　编／郭　丽
副主编／周芳苓　吴月冠

社会科学文献出版社
SOCIAL SCIENCES ACADEMIC PRESS (CHINA)

图书在版编目（CIP）数据

贵州国有企业社会责任发展报告．2018－2019／郭丽主编．--北京：社会科学文献出版社，2019.10

（贵州蓝皮书）

ISBN 978－7－5201－5393－5

Ⅰ．①贵… Ⅱ．①郭… Ⅲ．①国有企业－企业责任－社会责任－研究报告－贵州－2018－2019 Ⅳ．①F279.277.3

中国版本图书馆 CIP 数据核字（2019）第 180259 号

贵州蓝皮书
贵州国有企业社会责任发展报告（2018～2019）

主　　编／郭　丽
副 主 编／周芳苓　吴月冠

出 版 人／谢寿光
责任编辑／薛铭洁
文稿编辑／周爱民

出　　版／社会科学文献出版社·皮书出版分社（010）59367127
地址：北京市北三环中路甲 29 号院华龙大厦　邮编：100029
网址：www.ssap.com.cn
发　　行／市场营销中心（010）59367081　59367083
印　　装／天津千鹤文化传播有限公司

规　　格／开 本：787mm × 1092mm　1/16
印 张：13.75　字 数：177 千字
版　　次／2019 年 10 月第 1 版　2019 年 10 月第 1 次印刷
书　　号／ISBN 978－7－5201－5393－5
定　　价／128.00 元

本书如有印装质量问题，请与读者服务中心（010－59367028）联系

《贵州蓝皮书·国有企业社会责任》
编纂领导小组

组　长　吴大华　贵州省社会科学院院长、研究员

成　员　汪家强　贵州省经济和信息化委员会总工程师
　　　　　　陈亮贵　贵州省国有资产监督管理委员会党委副书记

《贵州蓝皮书·国有企业社会责任（2018～2019）》编委会

主　　编　郭　丽

副 主 编　周芳苓　吴月冠

编　　委　田景洲　黎　煌　戴卫华　张登利　陈学农

本书作者　（以文序排列）

郭　丽　周鹂飞　刘舜青　林　俐　吴月冠
张云峰　谭途遥　李德生　杨红英　周钥明
赵燕燕　周芳苓　杨春香　雷陈陈　贾梦嫣

主要编撰者简介

郭　丽　贵州省社会科学院党建研究所所长、研究员、省委宣传部“四个一批”人才。研究方向：国有企业社会责任、基层党建研究。参与完成国家社科基金重点课题子项目“中国百县市基金社会调查·遵义卷汇川区卷”；主持完成省长基金课题“贵州省农村公共产品供给新体制研究”、省招标课题“贵州省‘整脏治乱’法规政策研究”2项，横向课题18余项；著作7本。其中，专著1本，《贵州省加强换届后县级领导班子建设研究》；主编6本，《贵州国有企业社会责任蓝皮书（2014）》《贵州国有企业社会责任蓝皮书（2014～2015）》《贵州国有企业社会责任蓝皮书（2015～2016）》《贵州国有企业社会责任蓝皮书（2016～2017）》《贵州国有企业社会责任蓝皮书（2017～2018）》《谱写“中国梦”贵州篇章实践与探索》；参与编撰3本，《全面从严治党——贵州的学习研究与实践》《长征路上的新长征》《中国共产党成立90周年理论研讨会论文集》。在核心期刊上发表文章2篇，在省级以上公开刊物发表文章46篇。

摘 要

2018 年是贵州省发展历程中具有特殊意义的一年。作为中国脱贫攻坚主战场和主阵地，贵州易地扶贫搬迁任务是全国最重的省份之一。在中共贵州省委的坚强领导下，在省人大、省政协的监督和支持下，贵州省坚持以习近平新时代中国特色社会主义思想为指导，认真贯彻党的十九大和习近平总书记在贵州省代表团的重要讲话精神，全面落实习近平总书记对贵州工作的重要指示，统筹推进“五位一体”总体布局，协调推进“四个全面”战略布局，树牢“四个意识”，坚定“四个自信”，坚决做到“两个维护”，坚持新发展理念，坚持稳中求进工作总基调，坚持以脱贫攻坚统揽经济社会发展全局，落实高质量发展要求，牢牢守住发展和生态两条底线，全面深化改革开放，全力打好三大攻坚战，强力推进三大战略行动，着力加快三大国家级试验区建设，经济社会发展取得显著成绩。

2018 年，贵州大力培育和弘扬“团结奋进、拼搏创新、苦干实干、后发赶超”的新时代贵州精神，把打赢脱贫攻坚战作为重中之重，坚持抓好脱贫攻坚这个头等大事和第一民生工程，坚持以脱贫攻坚统揽经济社会发展全局，强力推进大扶贫战略行动，全力打好农村公路“组组通”三年大决战、易地搬迁扶贫、产业扶贫、教育医疗住房“三保障”等“四场硬仗”。坚决守好发展和生态两条底线，深入贯彻新发展理念，大力推进供给侧结构性改革，大力实施乡村振兴战略，深入实施大生态战略行动，确保全面完成全年经济社会主要指标任务。积极推进国有企业“百企帮百村”、民营企业“千企帮千村”行动。全力推进“三去一降一补”，为企业降低成本 500 多亿

元，关闭煤矿74处、压减产能1038万吨，采煤机械化程度达到71.7%。全力推进“双千工程”，对1688户工业企业实施技术改造，引进技术含量高、成长性好的企业1100多家。全力推进“十百千万”计划，新增规模以上工业企业680户。实施“万企融合”大行动，上云企业突破1万户。国有企业战略性重组取得重大突破。

本书由17篇研究报告组成，共分为6个部分，分别是总报告、分报告、区域篇、案例篇、专题篇和大事记。总报告：对2018年国有企业履行社会责任进行全面、系统梳理，掌握国有企业社会责任形势，分析其中存在的问题，提出加强国有企业履行社会责任的对策建议，并预测2019年国有企业社会责任发展趋势。分报告：发展仍是国有企业履行社会责任最重要的任务和基础，生态建设是国有企业贯彻绿色发展理念、履行大生态战略的实践探索，文化建设是国有企业可持续发展永恒的内生动力和强劲力量。区域篇：选择黔东南州、黔西南州和贵安新区三地作为样本分析，详细描述黔东南州、黔西南州和贵安新区国有企业的总体情况及履行社会责任的情况，指出履行社会责任的困境与问题，分析得出黔东南州、黔西南州和贵安新区国有企业履行社会责任的对策建议。案例篇：确定创新为主题，选择贵州省2018年创新工作提出的5项综合实力排前列的企业——茅台集团、瓮福集团、开磷集团、产投集团、贵绳集团等企业作为样本分析，对这些企业在创新投入和成果方面进行详细调研，并对这些国有企业在科技创新方面的主要做法进行详细阐述。专题篇：本书经过多年的问卷调查资料积累，将2014~2018年国有企业社会责任问卷调查进行分析和深入研究，用翔实数据记载5年来贵州省国有企业履行社会责任的发展历程和轨迹。大事记：对贵州国有企业2018年履行社会责任的重大活动予以记录，真实记载国有企业社会责任的历史脉络和发展历程。

Abstract

The year 2018 is significant to the development of Guizhou. Guizhou, as a main battlefield to reduce poverty, carries heavier burden to relocate the impoverished. Under the leadership of Provincial Government, and the supervision and support of Provincial Peoples Congress and Provincial Political Consultative Conference, Guizhou has been carrying out the relevant work, implementing the instructions on the 19th National Congress and the speeches and requirements of Secretary General Xi Jinping. The overall layout concerning development in five aspects and strategic layout concerning four aspects has been promoted; such concept as "the four awareness", "the four confidence", "the two advocacy", "the new development concept" and the main tone of steadiness and development is also emphasized. We have also been holding on to the two bottom lines of development and environment protection. Such strategies as the three main battles, the three strategic activities have been carried out; achievement in the construction and development of national experimental zones has seen made. Significant progress regarding social and economic development has been made.

With the guidance of Guizhou Spirit in the new time, such as solidarity, innovation, and diligence, Guizhou sees poverty alleviation as the major work which is the key to prosperity and social development. Great effort has been made to promote the strategic activity of poverty alleviation and to establish the rural road system within villages. We have also accepted the challenges concerning poverty alleviation through industry development and safeguard regarding education, medical treatment and houses. The two bottom lines regarding economy growth and environment protection are strictly insisted, the new concept of development deeply integrated. Such work as the supply side reform, village revitalization and grand ecological strategy action is carried out. The Actions of "One Hundred SOEs Helping One Hundred Villages" and "One Thousand Private Enterprises Helping One Thousand Villages" have been implemented. With the policies concerning coal industries, the cost of enterprises was reduced by 50 billion yuan, 74 coal mines shut down, the capacity reduced by 1038 tons and mechanization of coal mining reaching 71.7%. With the "Two Thousand Project", technical transformation took place in 1688 industrial enterprises and 1000 enterprises with high technology and potential were introduced. In the "ten-hundred-thousand-ten thousand" project, 680 industrial enterprises became above designated sized. In the project of "enterprise integration", over ten thousand enterprises went on the cloud, critical breakthrough made concerning strategic recombination.

The Blue Book of 2018 is composed of 6 parts including general report, sub-reports, regional reports, several case reports, special reports and memorabilia. The general report delivers a comprehensive analysis on the performance of social responsibility of the SOEs in 2018, then discusses the existing issues and puts forward the relevant suggestion and prediction in the coming year. The sub – reports suggest that development is still the primary task of the SOEs and provides foundation to their performance of social duties. Ecological advancement is critical to the practice of green development and cultural development provides the SOEs with endogenous power. The regional reports, taking Qiannan, Qianxinan and Guian New Zone as examples, demonstrates the overall situation and issues of the SOEs in performing their social responsibilities, and then puts forward the relevant suggestions. The case reports, with the theme of innovation and sampled from 10 enterprises including Maotai, Wengfu, Kailin, Industry Investment and Guizhou Steel Rope, studies the achievement in the aspects including technological innovation. The special reports include some theoretical articles and thinking made by the author after years of research and study. The memorabilia record the major activities in the relevant field in 2019.

目　录

Ⅰ　总报告

Ⅱ　分报告

Ⅲ 区域篇

Ⅳ 案例篇

Ⅴ 专题篇

Ⅵ 大事记

皮书数据库阅读**使用指南**

CONTENTS

Ⅰ General Report

Ⅱ Sub-reports

Ⅲ Regional Reports

Ⅳ Case Reports

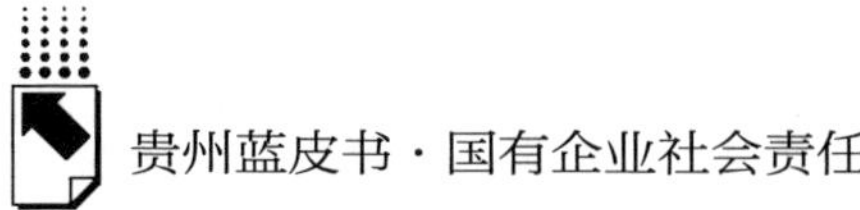

Ⅴ Special Report

Ⅵ Memorabilia

总 报 告

General Report

B.1
2018~2019年贵州省国有企业社会责任形势分析与预测

郭 丽 周鹂飞*

摘 要： 贵州省国有企业牢牢守好生态与发展两条底线，全面深化改革开放，全力打好三大攻坚战，强力推进三大战略行动，着力加快三大国家级试验区建设，经济社会发展取得显著成绩。特别是在经济建设、脱贫攻坚、科技创新中，将企业自身利益与社会利益结合起来，实现了政治责任与经济责任、社会责任等方面有机结合和统一。

关键词： 国有企业 社会责任 履行情况

* 郭丽，贵州省社会科学院党建研究所所长，研究员，研究方向为国有企业社会责任、党建研究、社会学；周鹂飞，贵州省财经大学，讲师，研究方向为档案管理与档案研究。

一 2018年贵州省国有企业社会责任履行情况分析

贵州省国有企业以习近平新时代中国特色社会主义思想为指导，深入贯彻落实党的十九大精神和总书记在贵州省代表团上的重要讲话精神，深化国有企业改革，增效提质，确保国有企业在经济转型升级、品牌质量建设、扶贫攻坚、生态保护、创新发展等方面成效明显。

（一）党建统领发展，持续推进脱贫攻坚中心工作

贵州省坚持党建统领一切，深入推进贵州国有企业改革，《中共中央国务院关于深化国有企业改革的指导意见》发布以来，在省委、省政府的高度重视和坚强领导下，贵州省国企重点改革任务落实取得明显进展。党的十九大以来，贵州按照公司法和公司章程，调整充实了9户企业公司董事会、经理层、监事会组成人员，形成有效制衡的法人治理结构。按照习近平总书记关于“对党忠诚、勇于创新、治企有方、兴企有为、清正廉洁”的要求，选拔了一批优秀人才进入监管企业，新晋董事会6人、新晋经理层6人，进一步提高了公司治理水平。一是进一步完善企业制衡机制。组织企业对集团公司及分（子）公司章程进行修订和完善，目前，省国资委19户独资、控股企业集团层面全部完成“党建入章”，19户企业下属258户子企业完成率为100%。修订后的公司章程普遍明确界定了企业治理主体职权边界，对发挥党委的领导核心作用和企业党建工作做了明确规定，进一步细化和明确了落实和维护董事会行使重大决策、选人用人、薪酬分配等权力，保障了经理层经营自主权，形成有效的制衡机制。围绕落实党组织前置程序要求，19户独资、控股企业修订完善党组织议

事决策工作规则313个，修改配套董事会、经理办公会等议事决策工作规则728个，企业党组织在企业法人治理结构中的领导作用明显增强。二是推进规范董事会建设试点。2015年8月以来，贵州省国资委着重抓了茅台集团、产投集团2户企业规范董事会建设工作，健全和完善了董事会机构设置和运行制度体系，促进了企业董事会规范运行和自身建设，进一步提高了董事会决策效率。三是积极探索外部董事制度，向8户企业派出了外部董事20人，建立了60余人的外部董事人才库。派出的外部董事较好地履行了职责，充分体现了出资人的意图，促进了企业科学决策。四是深化企业“三项制度”改革。积极探索市场化选聘经理人试点，产投集团、西南能矿2户企业积极开展职业经理人市场化选聘工作，共选聘了9名职业经理人。结合实际制定并发布《关于进一步深化监管企业劳动用工和收入分配制度改革的实施意见》等规定，修订完善了《贵州省国资委监管企业负责人薪酬管理办法》，进一步强化了负责人薪酬分类管理机制、完善了差异化薪酬分配办法、规范了企业负责人薪酬分配。发布了《贵州省人民政府关于改革国有企业工资决定机制的实施意见》，修订完善了《贵州省国资委监管企业工资总额预算管理暂行办法》，完善了职工工资能增能减的薪酬分配机制。

（二）多措并举攻坚克难，经济运行质量效益稳步提升

贵州省各级国资监管机构强化运行调控，指导企业克服经济下行压力带来的困难和挑战，努力保持平稳健康运行，经济效益大幅提升。2018年，全省国资监管系统企业累计实现营业收入4347.4亿元，同比增长10%；实现增加值1612.4亿元，同比增长21.6%；实现利润总额619.5亿元，同比增长25.4%；实现税费总额554.2亿元，同比增长24.6%。其中，省国资委27户监管企业实现营业收入3702.3亿元，同比增长9.1%；实现增加值1434.3亿元，同比增长

24.5%；实现利润总额568.4亿元，同比增长30%；实现税费总额512.4亿元，同比增长26%。财务快报显示，全年监管企业赢利能力主要指标位居全国前列，净资产收益率、成本费用利润率、收入利润率排名全国省区市国资监管企业第1位，平均资产负债率低于全国大多省份，排名第3位，增加值增长率排名第3位。与周边省区市对比（云南、重庆、四川、湖南、广西），贵州省国资委18户独资及控股企业发展质量优于大部分周边省区市。其中，资产赢利能力、平均资产负债率均优于周边省区市，利润和增加值增长率处于第2位，营业收入增长率虽处于第4位，但收入利润率排第1位。在国内外经济形势复杂严峻、风险挑战不断增多的情况下取得这样的成绩实属不易，各级国资监管机构和监管企业做了大量卓有成效的工作。一是狠抓目标任务落实，收入利润快速增长。各级监管机构围绕目标任务，扎实抓好责任落实；各企业密切跟踪市场变化，及时调整经营策略和产品结构，巩固传统市场，大力开拓新兴市场，市场份额不断提升，利润、增加值等主要经济指标大幅增长。贵阳市国资委全面推进监管企业改革发展，实现营业收入475.3亿元，同比增长14.5%；实现利润68亿元，同比增长21.8%。二是强化企业协调服务，生产经营平稳向好。积极应对部分银行抽贷压贷断贷的局面，强化经济趋势分析研判，帮助企业解决经营中的困难和问题，采取有效措施，确保企业运行总体平稳。一批企业效益大幅增长，有15户企业利润同比增长，其中茅台集团、瓮福集团、乌江水电3户企业增长超过3亿元；一批企业实现扭亏减亏，六枝工矿、省煤矿院扭转了长期亏损局面，实现赢利，遵钛集团、水红铁路分别减亏7689万元和1165万元。三是深挖内部增收潜力，成本费用利润率明显提升。大力压减一般性管理和非生产性开支，压降“两金”规模，规范财务支出，企业经营成本大幅降低。贵州省国资委27户监管企业成本费用增幅低于利润增幅24.7个百分点，11户企业管理费用同比下降。平均成本费用利润率

18%，上升3.4个百分点，百元收入承担的成本费用同比下降达3.1元。推动企业协同合作、抱团取暖，瓮福、开磷等企业通过上下游合作，压降成本20%。四是资本收益上交额度扩大，社会贡献明显增强。省国资委27户监管企业累计实现应交税费512.4亿元，增加105.6亿元，同比增长26%，其中增幅达20%以上的企业有8户；累计实现增加值1434.3亿元，增加282.2亿元，同比增长24.5%，16户企业实现增长，其中增幅超过20%的企业有7户；上缴国有资本收益47.91亿元，增加32.67亿元，同比增长214.4%，调入公共预算20.5亿元，占比43%。五是融资结构不断优化，企业资金压力有效缓解。贵州省国资委通过协调金融机构增加信贷额度方式，兑付企业私募债本息22亿元；协助有关部门设立省工业及省属国有企业绿色发展基金，发挥国有资本杠杆效应，目前撬动金融机构投放贷款118亿元。贵阳市国资委采用发行中期票据、可续期企业债、融资租赁等方式融资180多亿元，为企业发展提供资金保障。在经济发展的同时，为国有企业履行社会责任奠定了基础。

（三）深入推进供给侧结构性改革，企业发展质量效率持续提升

贵州省各级国资监管机构和企业按照高质量发展要求，扎实推进供给侧结构性改革，取得明显成效。一是深入推进债转股工作，企业发展能力进一步提升。完成六枝工矿30多亿元债转股，资产负债率从超过100%降到35%以下；推动瓮福、开磷、水矿、遵钛近200亿元债转股工作，水矿、瓮福已正式签订协议，开磷已初步形成债转股方案、遵钛债转股工作正积极推进。二是战略重组扎实推进，重组效果进一步显现。贵州省国资委围绕省委、省政府重大战略优化国有资本布局，坚持“企业利益共同化、全省利益最大化”，成功组建6家企业集团。重组企业战略支撑和引领作用进一步增强，总体运行情况

好于2017年。盘江煤电集团2018年实现利润12.3亿元，同比增长42.9%，规模优势和协同效应逐步显现，煤电联动新格局逐步形成。航投集团飞机日利用率从4月初的6.9小时提升到年底的9.5小时，提升了37%，营业收入同比增长27%。遵义市国资委4家重组集团，资产总额比上一年增加15.98%，资产负债率比上一年降低4.5个百分点。三是深入推进去产能工作，企业发展能力得到进一步提升。协调3.1亿元财政资金用于开展监管企业去产能后续工作，支持六枝工矿使用专项奖补资金9823万元，用于关闭矿井的职工分流安置；妥善解决林东矿业、水矿股份奖补资金问题，保障了资金安全。四是加快科技成果转化步伐，创新发展能力进一步增强。充分发挥65个省级科技创新平台作用，监管企业加大研发投入，强化自主创新，取得了一批重大创新成果，茅台集团、贵绳集团、詹阳重工集团3家企业获得第五届中国工业大奖，首次实现贵州两家企业同时获得表彰奖的重大突破。五是坚持聚焦主业实业，企业发展质量进一步增强。各级国资监管机构深入推动国有资本向关键领域、新兴产业、特色产业和优势企业集中，严控企业非主业投资，紧紧围绕贵州省三大战略行动，引导企业更加注重实业发展，集中精力干好主业。毕节市国资办推进10户市管企业实体化发展，市交通建设集团已与贵州铁投集团等合作投资参股威宁县、赫章县项目。黔西南州国资委一批重点实体化项目进入实质性阶段，兴义民航公司已经完成新航站楼建设，2018年旅客吞吐量突破100万人次大关，州城投公司代建项目2.4亿元等。

（四）狠抓重点任务落实落地，国资国企改革稳步推进

出台《中共贵州省委　贵州省人民政府关于进一步深化国有企业改革的实施意见》，完善了贵州国企改革的顶层设计。认真落实中央国企改革“1+N”系列文件和全国国企改革座谈会精神，以“伤其十指不如断其一指”的思路，全面推动国有企业改革在关键领域

和关键环节取得明显突破。一是完善现代企业制度，市场化经营机制不断健全。加快形成有效制衡的公司法人治理结构和灵活高效的市场化经营机制，贵州省国资委监管企业全面完成集团层面公司制改革。坚持党管干部原则与董事会依法产生、董事会依法选择经营管理者、经营管理者依法行使用人权相结合，进一步完善了企业法人治理结构，设立外部董事制度和外部董事人才库，向8户企业派出外部董事，遴选了60余名外部董事人选。二是推进企业“三项制度”改革，激励约束机制不断健全。贵州省国资委贯彻落实《关于进一步深化监管企业劳动用工和收入分配制度改革的实施意见》等规定，部分监管企业在子企业层面推行职业经理人市场化选聘，有效激发了企业活力。按实绩兑现薪酬，实现工资能升能减，推动减员增效，实现员工能进能出。三是推动综合配套改革，示范带动作用有效发挥。盘江煤电集团、轮胎股份公司等4户企业被纳入国务院国资委“双百行动”综合改革名单。对7户首批推动上市后备企业进行重点辅导、培育和推动，成熟一家、上市一家。深入推进黔晟国资等企业国有资本授权运营改革试点、扎实做好盐政执法人员分流安置工作、探索推进厂办大集体改革、实施公车改革、推进薪酬制度改革。四是积极推进混合所有制改革，国有资本功能不断放大。出台《贵州省国资委监管企业增资工作指引（试行）》等文件，引进非公资本参与企业改革，有267户子企业实现混合所有制改革，其中国有控股226户、国有参股41户。在开磷江苏瑞阳公司、华芯通半导体公司等8户企业开展国有控股混合所有制企业职工持股试点工作。五是全面完成“三供一业”工作，助推国资国企轻装上阵。加大政策和资金支持力度，采取分离移交等方式，剥离国有企业职工家属区“三供一业”和所办医院、学校、社区等公共服务机构。目前，已经全面完成职工家属区“三供一业”分离移交协议签订和教育医疗机构深化改革。

（五）加强风险防范防控，整体风险可控在控

习近平总书记在《提高防控能力着力防范化解重大风险　保持经济持续健康发展社会大局稳定》中指出：“当前我国经济形势总体是好的，但经济发展面临的国际环境和国内条件都在发生深刻而复杂的变化，推进供给侧结构性改革过程中不可避免会遇到一些困难和挑战，经济运行稳中有变、变中有忧，我们既要保持战略定力，推动我国经济发展沿着正确方向前进；又要增强忧患意识，未雨绸缪，精准研判、妥善应对经济领域可能出现的重大风险。”贵州省强化风险意识和底线思维，严格落实风险防控责任，切实抓好各类风险防控，2018 年未发生系统性区域性风险。一是注重研判强化处置，金融和债务风险得到有效化解及防控。认真落实中央、国务院关于降杠杆减负债、金融业务风险防控等重点工作部署，实现了金融和债务总体可控。贵州省即将出台“关于加强国有企业资产负债约束的实施意见”，明确了资产负债约束、管控、考核等措施。贵州省国资委按照市场化原则建立转贷制度，为企业提供转贷资金 41 笔，转贷金额 51.74 亿元。安顺市建立市属国有企业应急资金周转机制，资金池规模 1.2 亿元，先后为 6 家企业提供应急周转资金 5 亿元。二是压实责任狠抓预防，安全生产风险得到有效防控。认真贯彻落实党中央、国务院和省委省政府关于安全生产的重大决策部署，督促监管企业落实安全生产主体责任，扎实开展安全生产大检查、隐患排查和治理活动，保持了监管企业安全形势总体稳定，贵州省国资委监管企业全年未发生重特大安全生产事故。六盘水市经信委把安全生产纳入经营业绩考核的重要内容，2018 年授权监管企业未发生安全生产事故，未造成人员伤亡，企业安全生产形势平稳向好。三是优化布局促进转型升级。积极化解过剩产能，2016 年以来推动首钢水钢、水矿集团、盘江资本等 5 户企业化解钢铁和煤炭过剩产能，其中钢铁过剩产能

化解150万吨、煤炭过剩产能化解453万吨，共安置富余职工20275人，维护了职工权益和社会稳定。推进“僵尸企业”处置工作，目前共完成39户“僵尸企业”清理处置。积极帮助困难企业改革脱困，通过扩大倒贷资金池规模、建立工业及国企绿色基金、推进产业结构调整、盘活低效无效资产、实施托管、退城进园等措施，推动困难企业改革脱困和转型升级。四是及时回应群众关心关切，职工群众合法权益得到有效维护。贵州省国资委坚持关口前移，重点做好重点矛盾纠纷、信访问题化解，全年办理信访件110件。投入资金8600万元，解决了首钢贵钢、省冶建、遵铁实业等企业涉及8200多名群众的医保、拖欠工程款、扶贫济困等热点难点问题。认真办理中央第四巡视组转办的17个信访案件，得到贵州省纪委检查组高度肯定。黔南州国资局认真做好矛盾化解，共接待群众信访449人次，接待各项政策咨询、办理相关手续367项。五是强化巡视问题整改落实，生态环保风险得到有效防控。认真整改《贵州省贯彻落实中央第七环境保护督察组督察贵州反馈意见整改方案》涉及的5个问题，贵州省国资委和3家企业共制定64条整改措施，投入资金11.36亿元，整改完成率达100%。

（六）强化社会责任担当，持续推进脱贫攻坚

随着贵州省2020年与全国同步建成小康社会进程的加快，国有企业认真贯彻省委、省政府大扶贫战略行动，自觉融入脱贫攻坚中心任务中。2018年，脱贫攻坚仍有不少“硬骨头”。全省还有51个贫困县未脱贫摘帽，剩余的155万贫困人口一半以上生活在深度贫困地区，脱贫攻坚越往后难度越大；扶贫产业规模化、市场化水平不高；易地扶贫搬迁后续扶持任务艰巨；一些贫困群众脱贫内生动力不足。贵州省国有企业勇于担当，将中央、省委脱贫攻坚中心工作作为自身履行社会责任的第一要务，21户国有企业结对帮扶20个贫困县，选

派52家企业共169名管理人员参与全省同步小康轮战工作，建立贫困地区与系统企业职工食堂产销对接机制。总共累计投入帮扶资金5.21亿元，帮助引进资金9.71亿元，发放帮扶贷款139.4亿元，解决3.7万人就业，采购贫困地区农产品137.98万公斤，带动增收2.65亿元。

（七）创新驱动成效明显，潜在发展动力逐渐加强

在《国家创新驱动发展战略纲要》和贵州省委省政府关于科技创新工作的决策部署下，全省国有企业结合自身实际，积极抓好科技创新工作，成效明显。一是实施激励机制，激发科技人才创新。各企业出台了科技创新奖励及管理办法；个别企业还引进了高层次学科人才。激励科技人才投身创新活动。二是注重研发费用投入，为科技创新提供了经费支撑。2018年以来，部分生产型企业投入研发费用共计8亿多元。磷化工企业重点在实验室机理研究、小试研究、中试试验或产业化发展、磷矿伴生资源综合利用、“三废”资源综合利用等领域；其他企业注重在研发新产品，转化科技成果上下力气，取得了好的成效。三是实施科技成果转化，培育了新的经济增长点。生产、施工企业积极转化科技成果。2018年有7户企业转化科技成果31项，产生了新的经济增长点。四是创新能力不断增强，完成了国家或省重大科技支撑项目。一年来，有8户企业依靠自身科技优势，承担了国家或省级科技支撑项目研发和应用共22个，其中承担了国家科技支撑项目6个。发挥了贵州省属国有企业科技引领和示范作用。五是大数据与实体经济融合，智能化发展有了新进步。各企业紧跟时代发展潮流，将大数据等信息技术融入实体经济，智能化发展不断进步。11户企业在生产和销售等关键环节运用了大数据，进一步提升了智能化水平。六是发挥创新平台作用，实施了技术攻关和升级改造。10多户企业充分发挥创新平台作用，主动技术攻关和工艺优化，

提升了生产效率，进一步提升了精细化生产水平。七是加大“四新”应用力度，促进了企业高质量发展。10多户企业积极运用新技术、新工艺、新材料、新设备，推动产业升级和高质量发展。八是积极申报各种专利和奖项，行业的影响力进一步增强。

一年来，企业坚持创新引领，行业的影响力进一步增强。茅台集团股份有限公司荣获中国工业大奖企业表彰奖；获中国酒业协会科技进步奖2项（中国酒业协会科技进步奖1项、贵州省专利奖1项）。产投集团贵州詹阳动力重工有限公司履带式全地形工程车荣获中国工业大奖项目表彰奖。贵绳集团股份有限公司荣获中国工业大奖企业提名奖。七冶获省部级工法5项。水矿集团在全国煤炭机械制造业“五小”（小发明、小创造、小革新、小设计、小建议）技术创新成果评优活动中，其“大倾角带式输送机挡煤装置”获得二等奖。建工集团获省级工法21项。省建院24个项目获得2018年贵州省优秀工程勘察设计奖，2个项目获得2017～2018年度中国建筑设计奖。中国振华申请国际专利8项。保利久联的“台阶爆破设计系统软件开发及工程应用”获得中国爆破行业协会科技进步一等奖，“爆破振动灾害时频能量分析与预测控制技术及应用”获得中国爆破行业协会科技进步二等奖；“蒸汽冷凝水应用于设备保温技术”获第二届贵州省国防工办创新创意大赛一等奖；“洗洁精替代油脂润滑液在保利卡装药机上的应用”获第二届贵州省国防工办创新创意大赛二等奖。省煤矿院获2018年度煤炭行业（部级）优秀工程咨询成果一等奖1项、二等奖3项、三等奖1项。开磷集团连续10年获得中国石化联合会科技创新示范企业；获得国家知识产权优势企业。乌江公司的“流域水电经济生态综合优化调度关键技术及应用研究”获中国能源研究会科技创新三等奖。瓮福集团的《湿法磷酸净化微化工成套技术及其工业应用》获中国石油和化工协会科技进步一等奖。遵钛集团获国家发明专利授权2项。

二 贵州省国有企业履行社会责任中存在的主要问题

深入贯彻落实党的十九大精神和习近平总书记在贵州省代表团的重要讲话精神，全面贯彻落实中央经济工作会议、中央企业地方国资委负责人会议和全省经济工作会议精神，总结成绩，部署工作，牢记嘱托、感恩奋进，为夺取脱贫攻坚决战之年的根本性胜利贡献国资国企力量。国有企业的独特使命与地位决定了国有企业社会责任的特殊性，贵州省国有企业在党建统领一切、经济发展、科技创新、绿色发展、供给侧结构性改革等方面取得很大成效，树立了“领头军”的良好形象，为全省企业质量转型升级做出了良好榜样。但是，贵州省国有企业社会责任履行在具体实践中仍面临着一些问题和难题。

（一）国有企业在重视社会责任发布仪式上有所退化

贵州省国有企业社会责任报告发布会自2011年以来已连续举办八届，先后有534家（次）中央在黔企业、地方国有骨干企业和优秀民营企业在会上发布了社会责任报告，历届参会代表累计2400多人次。2018年，贵州省国有企业社会责任发布会在兴义市召开，会上35家企业发布社会责任报告。与近年来2016年121家、2017年117家发布的企业数量相比，2018年呈现历史最低。

（二）国有企业经济总量平均负债率高

截至2017年底，全省国有企业1062（一级）户，资产总额38261.96亿元，负债总额24820.54亿元，净资产13441.42亿元，平均负债率64.87%。贵州省国资监管企业27户，资产总额6482.18亿元（占全省16.94%），负债总额4004.92亿元（占全省16.13%），净资产2477.26亿元（占全省18.43%），平均负债率61.87%。[①] 全省国有企业中赢利企业574户，占总数的54%，赢利总额611.34亿元；亏损企业488户，占国有企业总数的46%，[②] 特别是国有企业转型升级期间，国有企业资本运行和配置效率不高，主业不突出，辅业亏损较大，导致国有企业赢利减弱。

（三）国有经济发展布局结构还不够优化，国有企业改革推进不快

战线过长、行业分布过散问题仍然存在，国有资本运行和配置效率还有待提高，一些企业主业不突出、辅业亏损，对企业运营造成较大影响。全省国有企业资产分布在16个行业，其中企业201户，资产总额5547.86亿元，占全省的14.49%；交通运输企业46户，资产总额1200.11亿元，占全省的3.14%；建筑工业50户，资产总额9345.09亿元，占全省的24.45%；社会服务业180户，资产总额8847.63亿元，占全省的23.12%；其他金融、房地产、教育文化、地质勘查及水利、批发及零售等12个行业576户，资产总额13312.27亿元，占全省的34.79%。按资产规模分，全省国有企业1000亿元以上的6户，资产规模在500亿～1000亿元的10户，资产规模在100亿～500亿元的58户，资产规模100亿以下的988户。[③] 贵州省国有企业现代企业制度仍不够健全，企业办社会职能移交和解决历史遗留问题虽然取得了进展，但还有大量的历史包袱尚未解决。

---

① 《关于贵州省国有企业国有资产管理情况的报告》，贵州省人大网－省人大办公厅，2018年11月26日省第十三届人大常委会第七次会议。

② 《关于贵州省国有企业国有资产管理情况的报告》，贵州省人大网－省人大办公厅，2018年11月26日省第十三届人大常委会第七次会议。

③ 《关于贵州省国有企业国有资产管理情况的报告》，贵州省人大网－省人大办公厅，2018年11月26日省第十三届人大常委会第七次会议。

（四）环保责任检查考核流于形式，国有企业环保履行不到位

贵州省经信委、国资委对省委省政府做出的“加大磷石膏综合利用，逐步实现按废渣综合利用量确定产品上产规模，实现磷石膏产销平衡”这一决策部署认识不深，推进不力，环保厅监督不到位。2018 年，贵州省磷石膏综合利用率较 2017 年上升 12.4 个百分点，但磷石膏堆存量仍持续上升，环境污染和隐患十分突出。贵阳市开阳青利天盟、川东化工、黔能天和、国华天鑫等黄磷企业不符合行业准入条件，长期违法生产，偷排废水，黄磷尾气以“点天灯”方式直排环境①。由此可见，贵州省国有企业履行环保责任在监督和管理方面不到位，环境保护责任意识仍有待提高。

（五）国有企业科技创新动力不足，转型升级发展引擎不够

一是贵州省国有企业很大程度上存在研发意识不强。贵州省国有企业尽管在国资委的管理和推动下，各国有企业树立了创新意识，由于企业发展情况不一样，国有企业的创新意识也表现不一样，有的国有企业创新意识较强，与市场主动接轨的自觉性较强；有的国有企业发展按部就班，创新意识不强。二是国有企业研发投入不一致。由于创新意识不一致性，贵州国有企业研发投入的人力和财力不一样，有的国有企业研发能力起步较晚，研发能力较弱；有的国有企业研发能力较强，科技创新能力较强。三是国有企业的研发人员队伍较不稳定。国有企业研发人员科技创新依赖技术人员，技术人员主要以上产应用为主。科研领军人才缺乏、专职高水平研发人才和研究团队偏少，真正形成自主核心知识产权的原创性成果较少。四是科技创新制度不完善。国有企业科技创新制度设计较不完善，如科技创新研发投

---

① 中央环保督查组向贵州反馈情况资料，当代先锋网，2019 年 5 月 10 日。

入经费比例；研发经费使用管理规定；科技创新成果保护、转化和推广；科技创新的考核机制、激励机制和约束机制等等。

三　贵州省国有企业推进社会责任履行的对策建议

贵州国有企业社会责任是一项系统工程，国有企业社会责任由企业内部的责任和企业对外履行社会责任组成。就企业自身内部而言，包括企业自身的保值增值、企业员工福利保障、企业员工的培训、企业质量、企业技术提升等方面。就企业外部而言，包括企业对环境保护、对消费者权益维护、企业对社会慈善事业、企业对股东权益维护、企业对法律的遵守等等。因此，国有企业社会责任履行涉及面广，将是一项长期且复杂的重任。

（一）筑牢国有企业履行社会责任意识，再塑国有企业良好形象

贵州国有企业在贵州省脱贫攻坚和同步小康历史进程中，浓墨重彩地在社会责任履行方面写下重重一笔，当之无愧树立“火车头”的榜样，催生了国有企业引领企业社会责任的牵引力量。贵州省国有企业履行社会责任，党的十八届三中全会做出的《中共中央关于全面深化改革若干重大问题的决定》，明确规定国有企业要履行社会责任，这就意味着国有企业履行社会责任是不争的事实，意味着国有企业履行社会责任是一项长期任务，不能一蹴而就，而是长期性和永久性的。国有企业是中国特色社会主义的重要物质基础和政治基础，是中国特色社会主义经济的“顶梁柱”。国有企业的社会责任是要围绕党领导的中国特色社会主义事业，围绕党的中心任务，以同步小康和乡村振兴作为国有企业履行社会责任的对标方向，要树立长期履行社会责任意识。

（二）国有企业要贯彻新发展理念，实现发展新经济增长动力

发展理念是发展行动的先导，是管全局、管根本、管方向、管长远的东西，是发展思路、发展方向、发展着力点的集中体现。创新、协调、绿色、开放、共享的新发展理念，是管全局、管根本、管长远的导向，具有战略性、纲领性、引领性。新发展理念，指明了“十三五”乃至更长时期我国的发展思路、发展方向和发展着力点，也是国有企业发展的方向标，将给国有企业发展带来深刻变化。创新发展解决企业发展动力问题；协调发展解决的是发展不平衡问题；绿色发展解决人与自然和谐问题；开放发展解决内外联动与国际接轨问题；共享发展解决的是社会公平正义问题。这些要求和解决重点也是国有企业发展的要求，以及解决国有企业“如何发展”和“发展为谁”的问题，也包含国有企业社会责任具体要求。优化国有企业行业布局和战略重组。坚持以市场为导向，围绕贵州省三大战略行动，针对贵州省国有企业行业散，加快国有经济布局，优化结构调整，进一步向未来发展新增动力的大数据、现代物流和智能制造业集中。推动国有企业优质资产、资源不断向基础能源、清洁高效电力、新型建材等优势产业、优势企业、产业链和价值中高端集聚。以“千企改造”增动能，对国有企业实施以高端化、绿色化、集约化为重点的技术改造，促进企业降本增效，转型升级。继续组建好大数据集团、航投集团、金控集团、盘江煤电集团、乌江能源集团、现代物流集团，有序推进农业、林业、茶业、文化旅游等企业集团。

（三）持续深化国有企业改革，创新驱动国有企业转型升级内生动力

随着《贵州省国资委监管企业产权制度改革三年行动计划》工作的深入，《中共贵州省委、贵州省人民政府关于进一步深化国有企

业改革的指导意见》的出台，贵州省将全面部署未来5年国企改革的总体要求、主要目标、重点任务和保障措施。加快推进现代企业制度，积极引入各类投资者实现股权多元化，推进公司股份制改革，健全公司股份制；健全公司法人治理结构。设立外部董事制度和外部董事人才库。深化供给侧结构性改革。推进债转股工作试点。未来3年贵州省属28户国有企业将全部实现股权多元化。大力推动企业上市工作，深入推进国有资本投资、运营改革试点，充分调动企业家积极性。抓好"三供一业"分离移交以及剥离国有企业办社会工作。增加国有企业研发投入、人才引进、搭建平台，健全和完善国有企业科技创新制度，明确企业科技研发经费保障机制、激励机制、审核机制、考核机制和成果保护、转化、推广和应用机制。充分利用好现有的1个贵州省国家党风联合工程研究中心、5个国家级和23个省级企业技术中心、1个省级重点实验室、7个省级工程技术研究中心及中试基地、6个省级工程研究中心、3个院士工作站、6个博士后工作站、11家省级创新型企业、2个省级双创示范基地，作为贵州省国有企业培养和培训技术能手基地，引进技术高精尖人才，引进企业技术创新研发领军人才，培养企业技术创新团队。利用大数据、"互联网+"等新技术，创新生产方式，发展与市场相适应的技术创新、产品创新、管理创新和商业模式创新。

（四）强化国企国资监管，推进国有企业切实加大生态履职

按照《省委办公厅　省政府办公厅关于加强和改进全省国资国企监管工作的指导意见》（黔党办发〔2017〕31号）要求，建立健全、理顺和规范全省国有资产管理体系。当前还有安顺市、六盘水市、毕节市、铜仁市等市州仍未建立国有资产监管机构，安顺是依托财政部门履行国有资产监管职责，管理体系不健全，针对这些情况省国资委研究制定"十大监管机制"，即将出台规划和投资、债权债

务、生产经营、风险防控、履职行为管理等 10 个监管办法，以及即将出台的“贵州省国有企业违规经营投资责任追究办法”“关于加强国有企业资产负债约束的实施意见”等规定的贯彻和落实会受到一定程度影响。加快国资监管信息化建设，积极拓展监测宽度和深度，将监测面从独资和控股企业拓展到参股和重点企业，纵向上将监测面从集团层面延伸到子企业，强化监事会监督，强化企业巡察，根据监测结果督促企业限期整改。强化防止国有资产流失为重点监督，涉及战略重组企业要重点防范国有资产流失。将参股企业监管重点监督，将项目投资、财务状况和战略规划作为监督重点，维护好出资人合法权益，引导参股企业为贵州省经济社会发展做出积极贡献。

结合中央督察组反馈给贵州省的具体意见，建立国有企业在大生态战略中的生态责任制，建立国有企业党委生态建设述职制度，加大生态环保的考核分值和考核力度，建立定期和不定期检查制度，重点整治本次反馈意见中污染较为严重的国有企业。引入群众监督和社会监督，引入第三方评估，将社会监督纳入国有企业考核分值，建立环保责任奖励机制，在环保责任履行较好的国有企业实行激励机制，反之，实行惩罚机制。建立环保责任信息公开制度。将国有企业履行环保责任实行一年一公开制度，建立环境污染举报有奖制度。

四　2020年贵州国有企业社会责任建设形势预测分析

贵州省国有企业以习近平新时代中国特色社会主义思想为指导，全面贯彻落实党的十九大精神和习近平总书记在贵州省代表团的重要讲话精神，认真落实中央和省委、省政府决策部署，按照中央经济工作会议、全省经济工作会议要求，坚持稳中求进工作总基调，坚持新发展理念，坚持推动高质量发展，坚持以供给侧结构性改革为主线，坚持市场化改革和高水平开放，深入推进国资国企改革，为促进全省经济社会持续健康发展做出新贡献。

（一）国资委监管国有企业产权将进一步明确化

2018 年是《贵州省国资委监管企业产权制度改革三年行动计划》的收官之年，贵州省国有企业产权将发生很大变化。改革后国有企业的社会责任将随着国有企业性质变化相应变化。贵州国有企业将形成功能性、公共服务性、竞争性三类性质。功能性企业 3 户，公共服务性企业 2 户，竞争性企业 15 户，参股企业 8 户。国有企业社会责任履行侧重点将发生变化，如公共服务性企业将以社会责任履行为重点，发展与社会责任相伴随。随之而来的国有企业监管工作将逐步健全与完善。

（二）国有企业结构和布局将进一步优化和合理

贵州省国有企业在全面深化改革后，将进一步突出主业，行业相对集中，一大批国有企业将进行资本重组，国有资本将向新兴产业、优势企业集中，确保到 2022 年，国有资本 85% 以上集中到重要行业和关键领域。国有企业将面临资本重组，90% 集中到百亿元级大企业集团。如瓮福磷矿集团和开阳磷矿集团有限公司合并，将意味着资产重组。

（三）国有企业脱贫攻坚成效将进一步凸显

贵州省国有企业在脱贫攻坚进程中，国有企业结对帮扶 17 个贫困县，国有企业结对帮扶 14 个深度贫困县的全覆盖，18 户国有企业共向结对帮扶县直接投入资金 5. 6 亿元，协助引进项目 272 个，帮助引进各类资金 6. 88 亿元，举办培训班 2897 期，培训党政干部、技术人员、致富带头人等共 12. 5 万人次。各国有企业在产业帮扶落地、就地培训和解决贫困人口就业等方面结合自身优势，脱贫成效将进一步凸显。

（四）国有企业环保责任履行将进一步加强

贵州省国有企业社会责任履行在中央环保督察反馈意见整改进程中，贵州省各级党委、政府以及各类企业的环保意识将进一步加强，举措将更加有力，国有企业在大生态建设中，将切实履行好自身环保责任。

（五）国有企业创新责任将进一步深化

随着《国家创新驱动发展战略纲要》的颁布，贵州省大数据和内陆试验区都需要贵州国有企业绷紧技术创新的这根弦，贵州省国有企业技术创新仍有许多工作需要推进，2019 年，贵州省国有企业创新将有新突破、新发展。

参考文献

贵州省国有资产管理委员会 2018 年工作总结。

2018 年贵州省政府工作报告。

贵州省统计局：《2018 年贵州省国民经济和社会发展统计公报》，2019 年 4 月 3 日。

贵州省国资委提供的国有企业 2018 年创新工作总结材料。

分 报 告

Sub-reports

B.2 贵州国有企业经济责任分析报告

刘舜青　林　俐*

摘　要： 面对错综复杂的国际环境，贵州省国有企业在风险、挑战与机遇并存的改革发展形势下，认真深入学习习近平新时代中国特色社会主义思想和党的十九大精神，全面落实贵州省委、省政府的相关决策部署，以稳中求进为总基调，通过改革创新、攻坚克难，不断提高企业效益和产品核心竞争力，国有企业尤其是国资委监管企业的主要经济指标取得了较好的成绩，有些指标甚至居全国前列。

关键词： 贵州省　国有企业　经济责任

* 刘舜青，贵州省社会科学院副研究员，研究方向为农村扶贫与发展、经济增长和社会发展等；林俐，贵州省社会科学院副研究馆员，研究方向为农村发展、图书资料管理。

在贵州省委、省政府的坚强领导下，2018年全省上下深入学习习近平新时代中国特色社会主义思想，全面贯彻落实党的十九大各项重要精神，紧紧抓住我国经济社会发展的重要战略机遇期，坚守发展和生态保护两条底线。不忘初心、砥砺奋进，坚持稳中求进和以脱贫攻坚统揽经济社会发展全局的总基调，坚守发展新理念和高质量发展的新要求，积极统筹、推进“五位一体”的总体布局，全面协调“四个全面”的战略布局，强力实施大扶贫、大数据、大生态三大战略行动。改革创新、攻坚克难，全省经济社会发展取得了显著成绩。据统计，2018年贵州省地区生产总值达到14806.45亿元，比2017年增长9.1%（仅低于西藏的10%，居全国第二位）。其中第一产业、第二产业和第三产业增加值分别为2159.54亿元、5755.54亿元和6891.37亿元，分别比2017年增长6.9%、9.5%和9.5%，人均地区生产总值达到41244元，比2017年增加了3288元。

上述业绩的取得离不开各级政府和职能部门的领导，同样也离不开社会各界以及各经济组织的努力。在我国，国有企业一直是国民经济的主导力量，是社会主义经济的重要支柱。从发展起步晚、经济基础相对比较差的贵州省来看，国有经济的作用和地位更是举足轻重。截至2017年底，全省有国有企业1062（一级）户，资产总额38261.96亿元，主要分布在工业、交通运输业、建筑施工业、社会服务业、其他金融、房地产、教育文化、地质勘查及水利、批发及零售等16个行业，涉及经济社会发展的各个领域，它们不仅肩负着贵州省经济社会公共产品的生产、消费等重大项目建设的艰巨任务，同时也是引领全省经济发展、推动全省技术进步、优化全省产业结构的主导力量。

2018年在贵州省委、省政府和国资委的领导下，全省国有企业扎实推进供给侧改革，不断增强企业内生动力；加快落实国企改革的各项措施，促进企业提质增效；建立健全“十大监管机制”，逐步完善国资监管机构。加强党的领导，牢固树立“四个意识”，坚定“四个自信”，做到“两个维护”，为国有企业的改革发展提供了强有力的政治保证。2018 年贵州省国有企业尤其是国资监管企业，不仅在履行政治责任、社会责任、生态责任等方面做了大量工作，同时在经济发展方面也有不俗表现，为贵州省经济社会持续、稳定、健康发展做出了重要贡献。

本文主要根据相关二手资料并结合调研情况，对 2018 年贵州省国有资产管理委员会监管的国有企业的经济发展相关指标进行分析和评价。这里的国有企业主要是指由政府投资和参与控制的独资和控股企业。

一 经济运行质量明显提升

（一）全省监管系统企业

2018 年在各级国资委、监管企业的共同努力下，各监管企业继续深入推进供给侧结构性改革，坚持以市场为导向，紧紧围绕服务全省的三大战略行动和打造“双千工程”，优化国有资本结构和布局，促使国有企业优质资产进一步向关系国计民生的能源、金融、交通和关系未来发展新增动力的大数据、清洁高效电力、新型建材等优势产业及现代物流和智能制造业集中。以供给侧结构性改革为主线，以高端化、绿色化、集约化为重点，加快对国有企业的技术改造和转型升级。坚持质量第一、效益优先，促进国有企业降本增效。以“千企引进，千企改造”添活力，特别是引进竞争力强、辐射带动力大的优强企业和转型升级后的产业，着力增强贵州省国有企业活力和竞争力。

据统计，2018 年贵州省国资监管系统企业累计实现营业收入

4347.4 亿元，同比增长 10%；实现增加值 1612.4 亿元，同比增长 21.6%；实现利润总额 619.5 亿元，同比增长 25.4%；实现税费总额 554.2 亿元，同比增长 24.6%。有些指标甚至还居全国前列。贵州省“全年监管企业赢利能力主要指标位居全国前列，净资产收益率、成本费用利润率、收入利润率排名全国省区市国资监管企业第 1 位，平均资产负债率低于全国大多省份，排名第 3 位，增加值增长率排名第 3 位。”[①] 与四川、云南、广西、重庆、湖南等周边省区市相比，贵州省国资委监管的 18 户独资及控股企业“资产赢利能力、平均资产负债率均优于周边省区市，利润和增加值增长率处于第 2 位，营业收入增长率虽处于第 4 位，但收入利润率排第 1 位。”[②]

（二）27户国资委监管企业

贵州省国资委监管的企业主要涉及工业、建筑业、交通运输业、金融业和社会服务业等关系国计民生的重要领域，主要有中国贵州茅台酒厂（集团）有限责任公司、贵州开磷控股（集团）有限责任公司、贵州建工集团有限公司、贵州产业投资（集团）有限责任公司、贵州水矿控股集团有限责任公司、贵州盘江投资控股（集团）有限公司、瓮福（集团）有限责任公司、贵州旅游投资控股（集团）有限责任公司、贵州省机场集团有限公司等 27 户企业。

数据显示，2018 年贵州省国资委监管的 27 户企业利润总额、增加值和应交税金都保持了两位数的增长，呈现出稳中向好的发展态势。其中利润总额达到 568.4 亿元，较 2017 年增长 30%，其增加值和应交税费总额分别达到 1434.3 亿元和 512.4 亿元，较 2017 年分别增长 24.5% 和 26%，其中有 16 户企业增加值实现增长，而增幅达到

① 《全省监管企业、市州国资监管机构负责人会议在贵阳召开》，2019 年 1 月 25 日，http://gzw.guizhou.gov.cn/xwzx/gzdt/201901/t20190125_3744912.html。

② 汤向前在全省监管企业、市州国资监管机构负责人会议上的报告，2019 年 1 月 25 日。

20%的有7家企业。应交税费增幅达到20%以上的有8家企业。相对上述指标来说，营业收入增速略低一点，只增长9.1%，但也接近两位数（见表1、图1）。

表1　2017年、2018年国资委监管企业主要经济发展指标

单位：亿元，%

指标	2017年		2018年	
	总额	同比增长	总额	同比增长
营业收入	3428.5	21.4	3702.3	9.1
利润	439.1	56.4	568.4	30.0
增加值	1153.8	31.6	1434.3	24.5
应缴税费总额	408.8	30	512.4	26.0

资料来源：《贵州省国资委监管企业2017年主要经济指标创5年来最好水平》，2018年2月24日，http://gzw.guizhou.gov.cn/zwgk/xxgkml/ghjh/201810/t20181025_3662238.html。

《全省监管企业、市州国资监管机构负责人会议在贵阳召开》，2019年1月25日，http://gzw.guizhou.gov.cn/xwzx/gzdt/201901/t20190125_3744912.html。

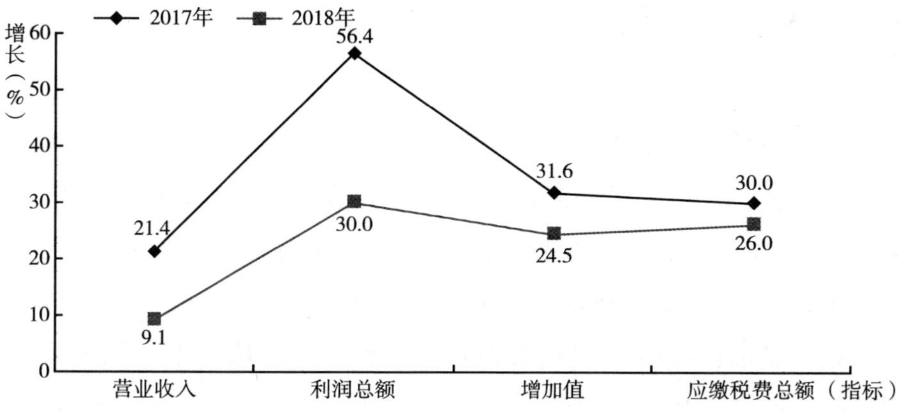

图1　2017年、2018年国资委监管企业主要经济发展指标增长情况

2018 年 27 家国资委监管企业共上交国有资本收益 47.91 亿元，较 2017 年增加 32.67 亿元，同比增长 214.4%，调入一般公共预算 20.5 亿元，超过贵州省一般公共预算的四成，达到 43%，国有企业对贵州经济社会发展和人民生活的贡献举足轻重。

二 国有控股企业稳中向好

（一）不同类型企业

从地区生产总值构成来看，近年来贵州省工业经济占全省地区生产总值比重达到 32% 左右，对地区生产总值增长的贡献率也接近 30%。随着《贵州省十大千亿级工业产业振兴行动方案》的正式实施，相信工业对贵州经济社会的影响将更大。

2018 年贵州省持续推进“千企改造”工程，企业转型步伐明显加快，创新能力显著提升。全省规模以上工业增加值比 2017 年增长 9.0%，比全国平均增速 6.2% 高出 2.8 个百分点，其中“基础能源、清洁高效电力、优质烟酒、新型建材、现代化工、先进装备制造等 6 个千亿级产业合计对规模以上工业增长贡献率达 81%”。①

从不同经济类型来看，国有控股企业增加值增长 13.2%，分别比股份制企业（9.5%）、外商及港澳台商投资企业（2.0%）和私营企业（6.7%）高出 3.7 个百分点、11.2 个百分点和 6.5 个百分点。

表 2 是 2018 年贵州省大中型企业增加值较上年同期累计增长情况。数据显示：2018 年贵州省国有控股企业增加值与上年同期相比，累计增长速度均超过了两位数，应该说保持了一个较高的、稳定的增

① 《干得漂亮！贵州省工业经济这一年，总体平稳、稳中有进、效益提升》，今贵州新闻网，http：//www.todayguizhou.com/2019/0110/56658.shtml。

长速度，其中1～2月、1～3月、1～4月、1～11月和1～12月同期累计增长速度分别达到17.9%、15.3%、15.0%、13.1%、13.2%，与其他类型企业相比，都居第一位。其余月份同期累计增长速度仅低于集体企业，居第二位。

表2　2018年大中型企业增加值比上年同期累计增长情况

单位：%

月份	大中型企业	国有控股企业	私营企业	非公有控股企业	集体企业	股份制企业	外商及港澳台投资企业
1～2月	14.1	17.9	7.8	3.9	1.9	10.3	-1.2
1～3月	12.7	15.3	9.5	5.4	7.2	9.6	2
1～4月	12.4	15	9.3	5.6	12.7	9.4	3.1
1～5月	12.5	14.2	8.7	5.8	16.3	9.4	2.6
1～6月	14.3	14.9	7.6	5.5	20.6	9.5	1.8
1～7月	13.2	13.4	7.3	5.6	23.7	8.9	4
1～8月	12.6	12.6	7.3	6	18.3	9	5.1
1～9月	12.9	12.2	7.1	6	17.8	8.8	3.9
1～10月	13.4	12.8	5.6	4.9	15.8	8.7	6.8
1～11月	13.5	13.1	5.8	4.7	10.6	8.9	4.4
1～12月	12.7	13.2	6.7	5.1	9.6	9.5	2

资料来源：贵州省统计局，2018年12月统计月报，http：//58.16.65.217：90/guiyangdq/gzstjj/2018/gykb/gykb0128/0.html。

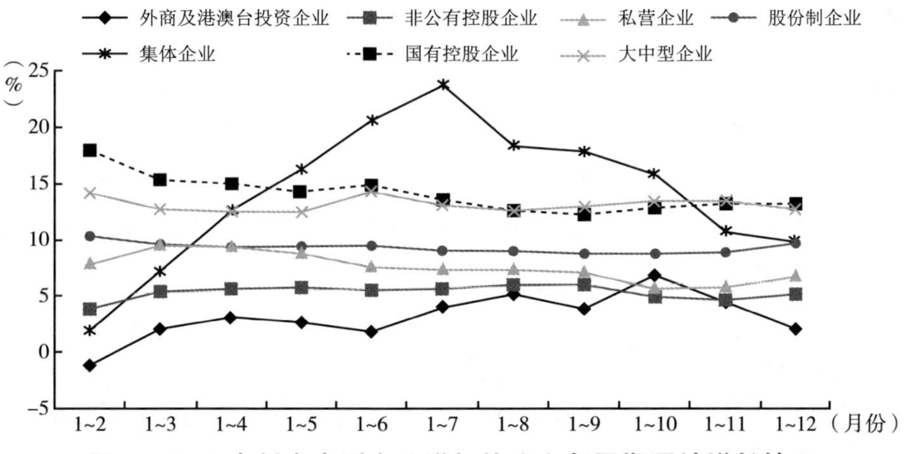

图2　2018贵州大中型企业增加值比上年同期累计增长情况

（二）与2017年的比较

表3是贵州省国有控股企业2017年、2018年两年比上年同期累计增长速度与大中型企业的差异，比较结果显示：2017年国有控股企业只有1~2月同期累计增长速度超过大中型企业，其余数据均低于大中型企业。2018年国有控股企业只有1~9月、1~10月和1~11月三期累计增长速度低于大中型企业，其余时期均高于大中型企业。

表3　贵州省分注册类型工业增加值比上年同期累计增长

单位：%

月份	2017年			2018年		
	大中型企业	国有控股企业	差异	大中型企业	国有控股企业	差异
1~2月	7	7.9	0.9	14.1	17.9	3.8
1~3月	7.3	6.5	-0.8	12.7	15.3	2.6
1~4月	6.7	5.9	-0.8	12.4	15	2.6
1~5月	6.9	6.3	-0.6	12.5	14.2	1.7
1~6月	9.4	6.3	-3.1	14.3	14.9	0.6
1~7月	9.5	7.1	-2.4	13.2	13.4	0.2
1~8月	10.1	8.9	-1.2	12.6	12.6	0
1~9月	11.2	8.8	-2.4	12.9	12.2	-0.7
1~10月	10.6	8.1	-2.5	13.4	12.8	-0.6
1~11月	10.7	8.5	-2.2	13.5	13.1	-0.4
1~12月	10.5	8	-2.5	12.7	13.2	0.5

资料来源：贵州省统计局，2018年12月统计月报，http：//58.16.65.217：90/guiyangdq/gzstjj/2018/gykb/gykb0128/0.html。

据统计，2018年贵州省规模以上企业利润总额达到899.08亿元，比2017年增长20.7%，而国有控股企业利润则达到620.95亿元，同比增长28.8%，其占比接近70%。

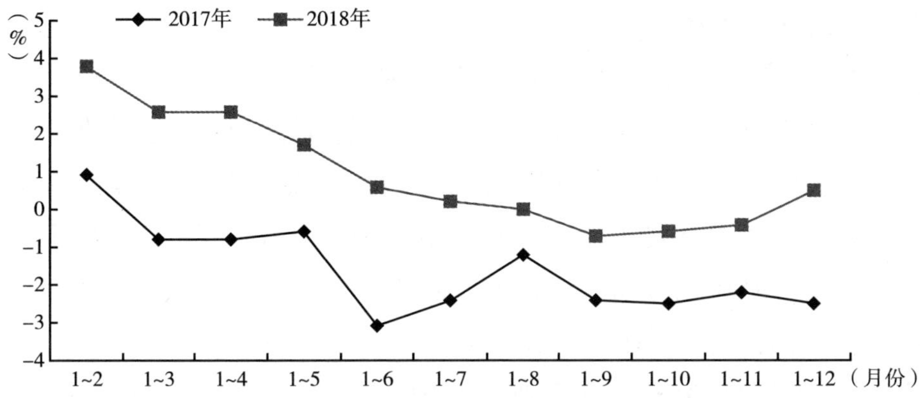

图3　贵州省分注册类型工业增加值比上年同期增长情况

三　改革措施持续发力

（一）认真学习和贯彻中央关于国有企业改革的相关文件并制定符合贵州省实际的政策措施

随着国有企业改革的不断深入，中央对国资国企改革进程提出了更高的要求。为此，2018 年中央及国资委、财政部、科技部等相关部门先后发布《中共中央关于建立国务院向全国人大常委会报告国有资产管理情况制度的意见》、《国务院关于改革国有企业工资决定机制的意见》（国发〔2018〕16 号）、《关于进一步推进中央企业创新发展的意见》的通知、《国务院关于推进国有资本投资、运营公司改革试点的实施意见》（国发〔2018〕23 号）、《中共中央　国务院关于完善国有金融资本管理的指导意见》、《中央企业违规经营投资责任追究实施办法（试行）》、《关于加强国有企业资产负债约束的指导意见》、《上市公司国有股权监督管理办法》等，并启动实施《国企改革“双百行动”工作方案》，是国有企业全面落实“1 + N”政策体系为主的顶层设计和“十项改革试点”

重要举措的具体体现。

为了更好、更深入地推进国有企业改革，贵州省委、省政府及各职能部门认真组织国有企业学习上述相关文件，并结合贵州实际，出台符合贵州国有企业发展的政策措施。如为了贯彻落实中央关于提高国有资本收益收取比例，建立支撑省属国有企业改革改制成本的国有资本经营预算制度，贵州省人民政府印发了《贵州省省属企业国有资本收益管理办法》（黔府发〔2018〕12号），分类制定省属国有企业上缴利润比例，并取得明显成效。"2018年省本级国有资本经营预算收入完成47.91亿元，2018年省本级国有资本经营预算支出完成47.91亿元"[①]并按规定进行预算统筹安排。制定《贵州省国资委监管企业重大经营风险监管工作规程》，修订并完善了《省国资委监管企业负责人经营业绩考核办法》和《省国资委监管企业负责人薪酬管理办法》，按照上级部门的要求，结合贵州省实际，拟定进一步深化国有企业改革的实施意见。

同时各地州市也积极响应，制定符合本地实际情况的政策措施。贵阳市国资委出台了《中共贵阳市委贵阳市人民政府关于进一步深化国有企业改革的实施意见》《贵阳市国有企业战略性重组工作方案》等相关文件。遵义市制定了《遵义市国有企业工作规则（暂行)》，完善《监管企业经营业绩考核办法》及其他监管制度等。黔东南州先后印发《黔东南州国资委关于进一步严格国企国资管理的八项措施》的通知、《黔东南州国资委企业重大事项报告管理办法》《黔东南州人民政府关于加快国有平台转型升级提升竞争实力的实施意见》等。

① 《建立支撑省属国有企业改革改制成本的国有资本经营预算制度》，http://www.gzcz.gov.cn/xwzx/czdt/201901/t20190109_2804358.html。

（二）深入推进国有企业改革

一是根据中央《关于深化国有企业改革的指导意见》、“1＋N”系列改革文件要求及贵州省的相关配套文件精神，继续推进、完善国有企业改革，建立现代企业制度。党的十八大以来，贵州省国有企业紧紧围绕重点领域和关键环节，扎实推动国有企业改革，不断创新国有企业体制机制，优化、提高国有资本运行效率。2018 年贵州省继续深入推进国有企业改革，积极引入各类投资者实现股权多元化，重点是省属国有企业的改革重组、股改上市和现代企业制度建设等，其中省属国资委监管企业集团层面已全面完成。国有企业法人治理结构得到进一步完善，建立了外部董事制度和外部董事人才库。二是深入推进国有企业战略整合重组。近年来贵州省先后组建了现代物流、旅游酒店、机场航空、磷化、能源等产业集团。2018 年贵州省国资委围绕省委、省政府的“三大战略”，坚持“企业利益共同化、全省利益最大化”，优化布局国有资本，加快相关产业的调整重组，积极引领和推动全省经济发展。目前成功组建 6 家企业集团，其中盘江煤电集团 2018 年实现利润 12.3 亿元，同比增长 42.9%，规模优势和协同效应逐步显现，煤电联动新格局逐步形成。航投集团飞机日利用率从 4 月初的 6.9 小时提升到年底的 9.5 小时，提升了 37%，营业收入同比增长 27%。贵阳市草拟的《关于进一步深化国有企业改革的实施意见》和《市属国有企业战略性重组方案》，对贵阳市国资委监管的 27 户企业和市直相关部门监管的 53 家企业，共计 80 家企业拟通过股权划转、合并重组等方式，进行改革重组，重组后的企业为贵阳金投集团公司等 10 家集团公司。遵义市围绕中央全面深化国有企业改革系列文件精神和省委关于深化国有企业改革的决策部署，积极推进市属国企优化重组、转型发展。在 2017 年开始调研并形成《遵义市市属国有企业优化重组及转型发展总体方案（征求意见稿）》，年底全面启动市属国有企业的重组工作。遵义市国资委按照“一母N子”的模式，将原有的遵义机场有限责任公司、遵义市道路桥梁工程有限责任公司、遵义投资（集团）有限责任公司等26家市属国有企业重组为遵义金融控股集团、遵义城建投资集团、遵义道桥建设集团、遵义交旅投资集团四大集团公司，资产总额同比增加15.98个百分点，资产负债率同比降低4.5个百分点。黔东南州将原13家州属国有企业优化重组为9家集团公司，各集团公司聚焦主业，加快推进转型发展，企业的发展活力、竞争实力和抗风险能力进一步提升。三是积极妥善推进混合所有制改革。目前国企已经进入加速度改革阶段，混合所有制改革则是深入推进国企改革的突破口之一。在集团层面，贵州省国有企业积极引进战略投资者，用部分国有资本引导其他非国有资本进入，推进股权多元化。同时子公司也积极引进非公资本参与企业改革。据统计，目前贵州省国有企业有267户子企业实现混合所有制改革，占959户子企业的27.8%，“其中国有控股226户、国有参股41户。”① 同时在一些企业开展国有控股混合所有制企业职工持股试点工作。

贵阳市国资委积极推进国有企业二、三级公司混合所有制改革，并下发了《贵阳市委贵阳市人民政府关于进一步深化国有企业改革的实施意见》（筑党发〔2018〕6号），以发展混合所有制项目为突破，以项目建设为载体，积极推进、引导市属国企发展混合所有制经济。2018年以来，先后引入北京碧水源、上海宝冶集团、万科集团、国信证券、光大金控等企业组建发展混合所有制公司，并将其扩大到城市“三变”，大大扩大了国有资本的范围和规模，提高了国有资本的功能和力量。

---

① 贵州省省人大常委会办公厅：《关于贵州省企业国有资产管理情况的报告》，http：//www.gzrd.gov.cn/cwhhy/gzsdssgrdcwhdqchyzt/hywg/34512.shtml。

（三）进一步夯实国资监管机制

根据《国务院办公厅关于转发国务院国资委以管资本为主推进职能转变方案的通知》（国办发〔2017〕38 号）等精神，2017 年底贵州省委办公厅、贵州省政府办公厅出台了《关于加强和改进全省国资国企监管工作的指导意见》（省国资委起草），要求加强国资国企的监管和职能转变，其中重点领域的改革要取得明显进展。2018 年，“省、市、县国资监管制度和基础管理更加科学规范，基本建立全面覆盖、分工明确、协同配合、制约有力的国有资产监管体系。”① 一是按照“以管资本为主加强国资国企监管”要求，贵州省国资委深入国资企业进行了详细的调研，结合中央政策要求和贵州省国资国企工作实际，起草、研究、制定了国有企业监管的相关规范性文件，建立健全“十大监管机制”，内容涉及规划项目投资监管、债权债务监管、财务监管、参股企业监管、生产经营监管、风险防控、分类监管、企业负责人履职情况监管、党建工作监管、信息化监管等各个方面，为健全国有资产基础管理制度，优化和改进国有资本监管，实现国有资产保值增值提供了强有力的保障。《贵州省省属国有企业公务用车制度改革实施意见》的制定，也是深化国企监管、提质增效的重要手段。二是地州市设立单独的国资监管机构，突出国有资本的监管重点。贵阳市国资委为了优化国有资本布局和结构，依法履行出资人义务和职责，保障项目建设的顺利实施和国有资本保值增值。市国资委研究制定《贵阳市国企投资监督管理办法（试行）》，从项目的投资方式、投资管理、投资决策、执行和责任等各个方面进行规范和管理。三是及时监督、监管。上级相关部门对国有企业进行不定期督

① 《关于加强和改进全省国资国企监管工作的指导意见》，http：//gzw. guizhou. gov. cn/zwgk/xxgkml/zcwj/201711/t20171113_ 2970079. html。

察。如贵州省委改革办7月份到省国资委督察全面深化改革的基本情况，并对推进改革过程中全面依法治企存在的困难和问题以及下一步的打算和对策建议等进行了探讨。按照《中央巡视工作规划（2018～2022年)》文件精神和《关于在国有企业战略重组中加强监管维护稳定防止国有资产流失的紧急通知》等相关要求，省国资委领导到省农信社、瓮福集团、黔晟公司等企业进行实地调研，要求各集团领导和负责人不断提高政治觉悟，严格要求自己，加强企业和个人的督查和监管，严防国有资产流失，为国资国企改革发展保驾护航；强化巡察整改和成果运用，建立问题清单、责任清单，针对规律性、普遍性问题，制定相应措施形成巡察成果加以运用。组织人员对2018年1月25日全国和2018年2月26日全省安全生产电视电话会议精神进行了学习贯彻；学习了《中共贵州省委贵州省人民政府关于全面推进安全生产领域改革发展的实施意见》和《贵州省安全生产条例》《中共贵州省委办公厅　贵州省人民政府办公厅关于印发〈贵州省党政领导干部安全生产责任制实施细则〉的通知》（黔委厅字〔2018〕51号)，规范国有企业投资和管理，建立项目投资机制，完善以管资本为主的国有资产监管体制。

（四）促使国企提质增效

一是加大科技创新和成果转化。国有企业充分运用各级创新平台，不断加大科技、研发投入，积极探索并建立科研激励机制，大力推进技术创新与生产经营深度融合，强化自主创新，尤其是国资监管企业，在成果创新上取得了重大成绩。在2018年底举行的代表我国工业发展最高水平的第五届中国工业大奖中，有3家国资监管企业获奖，其中贵州茅台酒股份有限公司、贵州詹阳动力重工有限公司荣获第五届“中国工业大奖表彰奖”，贵州钢绳股份有限公司荣获“中国工业大奖提名奖”，贵州省首次有两户企业获得表彰奖，贵州钢绳则是首次登上中国工业大奖的榜单。黔源公司荣获《水电远控平台防误操作方法和系统》《水电机组远程故障诊断开放式平台》《梯级水库群实时优化调度及效益评价方法》《水电远控平台的报警方法及系统》等10项国家专利授权。贵州茅台集团在良好的发展形势下，依然坚持高质量发展，为贯彻落实《中共贵州省委、贵州省人民政府关于开展质量提升行动的实施意见》，制定了《茅台集团2018年“质量月”活动方案》，为实现千亿茅台奠定坚实的基础。贵州茅台还计划在2019~2023年总投资35.59亿元，启动6600吨茅台酒技改工程项目，积极推动茅台内涵式发展，确保把该项目打造为工程样板项目和具有全球竞争力的世界一流企业。二是强强联合。如2018年5月，在贵州省人民政府和英国驻重庆总领事馆的主办下，贵州双龙航空港经济区与英国BBD国际科技加速器（BGTA）、贵阳国家高新技术产业开发区与英国帝国理工大学等在伦敦达成合作意向，茅台集团公司同英国葡萄酒与烈酒贸易协会签订了《战略合作协议》，内容涉及扩大国际市场准入及信誉建设、新产品研发、对酒类行业专业人士进行培训、发展合作服务平台、改善社会公益合作等方面。茅台与五粮液达成共识，加强合作，携手共创行业“双千亿企业”，共同引领中国白酒高质量发展。三是继续剥离国有企业的“三供一业”。根据《省人民政府办公厅关于印发陶长海副省长在全省加快剥离国有企业办社会职能和解决历史遗留问题工作推进会的讲话提纲（摘要）的通知》《省国资委、省财政厅、省经信委关于成立剥离国有企业办社会职能和解决历史遗留问题联合工作组的通知》等文件和相关资料，贵州省国资委召开了推进会。按照计划，2018年底国资监管企业已经全面完成职工家属区“三供一业”分离移交协议签订和教育医疗机构深化改革。乌江公司按照省国资委、华电集团的安排部署，其系统4家基层企业共涉及的10个“三供一业”分离移交项目管理职能移交和资产划转工作，于11月底全部顺利完成，项目涉及分离移交户数共计5620户。贵阳市国资委出台《贵阳市关于推进贵阳市国有企业职工家属区“三供一业”及办市政、社区管理等职能分离移交工作的通知》，也按计划完成了国有企业办市政、社区管理职能分离移交工作。贵阳市中央企业签订供水分离移交协议78469户，完成工作进度119%，签订供电移交协议81156户，完成工作进度164%，供气完成改造669户，完成工作进度61%。四是利用“双百行动”，不断提升企业效益。国资委实施的“双百行动”，是深入推进和全面落实国有企业改革“1+N”政策要求的行动方案和具体措施之一，贵州省的贵州盘江国有资本运营有限公司、贵州金州电力有限责任公司、贵州轮胎股份有限公司和贵州中建伟业建设工程有限责任公司四家公司入选，标志着这些企业将通过改革转换机制，在重点领域和关键环节率先取得突破，不断提高效率和竞争力，成为国企改革的尖兵和“样板”。

（五）积极发挥党建引领作用

一是认真学习相关文件精神。如2018年7月贵州省国资委监事会主席陈启慧围绕孙志刚书记在省委十二届三次全会上重要讲话和《中共贵州省委关于深入实施打赢脱贫攻坚战三年行动发起总攻夺取全胜的决定》文件精神，到贵州省建设设计院进行宣讲。为贯彻落实全省国有企业和高等院校党的建设工作，贵州省国资委组织召开监管企业推进会议，并强调要把会议精神作为目前以至今后一个时期的重要政治任务来抓，要认真落实“五步工作法”，抓好宣讲和培训工作，加强各级党委管党治党责任，推动党建全面进步。贵州省国资委党委为落实新形势下党中央、省委加强和改进企业党的建设，推进全面从严治党的重要举措，按照党中央、省委统一安排部署，举办了巡视、监察工作业务培训。另外还制订了《贵州省国有企业推动党建工作与改革发展深度融合“一任务两要点两清单”》等国企党建的长效管理制度和办法。二是不定期开展各种党建活动。国资委机关先后开展《关于开展“不忘初心勇担当·脱贫攻坚有作为”支部主题党日活动的通知》《把党的政治建设作为党的根本性建设为党不断从胜利走向胜利提供重要保证》《不忘初心，继续前进》等活动，并组队前往遵义市播州区枫香镇苟坝村、雷山县大塘镇等地开展各种活动。各国有企业也积极跟上，2018 年盘江煤电集团党委理论学习中心组一共组织九次学习活动。首钢贵钢公司组织学员干部深入学习《中国共产党支部工作条例（试行)》。三是设立专栏、期刊、通信。贵州省国资委的官网“当前专栏”上，设有“国企党建”。2018 年 8 月，贵州省国资委按照国资委党建领导小组的工作部署，发行第一期《贵州国企党建》，至 12 月一共出了十五期，主要内容包括各企业党组织开展活动的情况、党建故事以及先进经验、创新做法等，旨在加强各企业党建工作的经验交流，发挥党建战斗堡垒作用。贵阳市国资委主办的《贵阳国资》中专门设有“国资党建”一栏，遵义市国资委官网上，也设有“党建工作”一栏，都实时反映各国有企业的党建工作情况及最新进展。

四　结束语

综上所述，2018 年贵州省国有企业在贵州省委、省政府的领导下，认真、深入学习相关文件精神，攻坚克难，扎实推进供给侧结构性改革，通过战略性重组、债转股、混合所有制改革等作为突破口，积极把国企改革向纵深推进。在管理方面，国资委完成了监管企业集团层面的公司制改革，完善了企业法人治理结构，推进了劳动、人事、分配“三项制度”改革和综合配套改革，建立健全了“十大监管机制”，有效地完善了现代企业制度，提高了企业的监管职能，这些措施增强了国有企业的发展动力、活力和潜力，提高了企业的效益和产品竞争力。但是我们也应该看到，由于种种历史原因，国有企业承担的责任大、负担重、涉及面广、问题复杂，改革任务艰巨而繁重。

2019 年是新中国成立 70 年、改革开放 41 年，也是全面建设小康社会的关键一年，为此贵州省提出了 2019 年要实现地区生产总值增长 9% 左右，二、三产业分别增长 9.5% 和 10%，规模以上工业增加值增长 9% 的发展目标，其中“科技进步贡献率提高到 50% 左右，新经济、绿色经济、制造业占地区生产总值比重分别提高到 20%、42% 和 25%。”[①]。作为贵州经济重要支柱的国有企业肩负着贵州经济社会发展的政治、经济、生态等方面的政治责任、经济责任、社会责任和生态责任，因此贵州省国资委也积极响应，提出了“省国资委监管企业营业收入同比增长 10%、利润总额同比增长 20%、增加值同比增长 18%、应缴税费同比增长 17%，生产经营指标继续保持较快增长”[②] 的发展目标。

但是从目前来看，国际环境不确定因素和风险增多，国内经济尤其是实体经济仍然处在改革继续深入推进的调整阶段，贵州省国有企业必将面临一定的困难、风险和挑战。为此，2019 年贵州必须坚持以供给侧结构性改革为主线，坚决落实中央提出的“巩固、增强、提升、畅通”八字方针，紧紧围绕推动制造业高质量发展、促进形成强大国内市场、扎实推进乡村振兴战略、促进区域协调发展、加快经济体制改革、推动全方位对外开放、加强保障和改善民生等七大工作重点，积极推进贵州省国有企业改革，继续实施稳健发展和创新发展，深入推进国有企业战略性重组和混合所有制改革，在强主业、调结构、提质量、增活力、促优化、重监管、控风险、抓安全等方面持续推进和完善，为推动贵州省经济高质量发展做出表

① 2019 年贵州省政府工作报告，http：//gz. people. com. cn/n2/2019/0201/c390588 - 32604421. html。

② 汤向前在全省监管企业、市州国资监管机构负责人会议上的报告，2019 年 1 月 25 日。

率，同时也为促进贵州省经济社会持续稳定、健康发展和实现全面小康做出新的贡献。

主要参考文献

《2018年贵州省规上工业增加值增速高于全国水平2.8个百分点》，多彩贵州网，2019年1月22日。

贵州省人民政府国有资产监督委员会：《第五届中国工业大奖揭晓　贵州钢绳上榜》，2018年12月11日，http：//gzw. guizhou. gov. cn/ztzl/dqzt/tzzx/201812/t20181214_ 3712286. html。

《中央企业地方国资委负责人会议在京召开》，2019年1月16日，http：//www. sasac. gov. cn/n2588025/n2643314/c8482286/content. html。

《贵州三户省属监管企业获中国工业大奖》，贵州省国有资产监督管理委员会网站，2018年12月21日，http：//gzw. guizhou. gov. cn/xwzx/gzdt/201812/t20181221_ 3718122. html。

《〈贵州省十大千亿级工业产业振兴行动方案〉正式实施》，2018年12月20日，http：//www. xfrb. com. cn/html/redian/xinanzaixian/447979. html。

陕西发改研究：《回望2018国资国企改革——敢问2019路在何方》，2019年2月19日，http：//sh. qihoo. com/pc/9bb124af10a16f2d2？ cota = 4&tj_ url = so_ rec& sign = 360_ e39369d1&refer_ scene = so_ 1。

《回望国企改革2018“中心地位”背后的改革深意》，新华社，2018-12-30，http：//www. sasac. gov. cn/n2588025/n2588139/c10135669/content. html。

《2018年贵州省国民经济和社会发展统计公报》，http：//www. gz. stats. gov. cn/tjsj _ 35719/tjgb _ 35730/tjgb _ 35732/201904/t20190404 _ 3789972. html。

黄永辉：《优化营商环境　助力国资国企改革不断取得新突破》，《贵阳国资》2018年第4期。

贵阳市国资委2018年工作总结，http：//gzw. guiyang. gov. cn/c10490/20190401/i2079519. html。

B.3
贵州省国有企业生态责任研究报告

吴月冠*

摘　要： 本报告对近期贵州省国有企业生态责任进行了聚焦研究。从尽好主业环保义务、建好周边环保环境、供好绿色产品和服务三个方面对贵州省国有企业生态责任履行情况做了概述分析。认为贵州省国有企业生态责任取得系列经验成效，包括充分发挥党组织生态保护堡垒作用、带头履行企业生态责任、切实担当地域环境治理砥柱、稳妥应对环境历史问题等四个方面的经验成效。报告进一步分析认为，贵州省国有企业生态责任存在系列困难问题，包括妥善处理好历史贡献与历史欠账问题、妥善处理好企业发展与邻避困境问题、妥善处理好企业生态责任与环境损害复杂因果关系问题、妥善处理好企业生态责任与生态成效共享问题、妥善处理好企业生态责任与经济效益问题等五个方面的困难问题。提出改进贵州省国有企业生态责任有关建议，包括加强国有企业党组织与驻地党组织的生态协同、坚持原受益主体共同应对生态历史欠账、加强宣传和利益分享机制破解邻避困境、加强行业和区域建设共同履行

* 吴月冠，贵州省社会科学院党建研究所副研究员，贵州省大数据政策法律创新研究中心副主任，研究方向为大数据、生态环境、党的建设、法治。

生态责任等四个方面的对策建议。

关键词： 贵州　国有企业　生态责任

一　贵州省国有企业生态责任概述

（一）尽好主业环保义务

贵州省国有企业在做好主业系列环节工作中，从环保、绿色、节能出发，遵守国家生态法规规定，从自身生产经营活动做起，节约能源、降低污染物排放、改进绿色生产经营，尽好主业环保义务。

2018 年，贵州贵航汽车零部件股份有限公司，持续抓好节能减排工作。通过对照国家出台的高耗能机电设备淘汰目录，公司下属各生产单位逐步按计划淘汰高能耗落后的机电设备，同时加大清洁能源加热、废水循环相关余热利用技术的应用，以达到节约能源效果。要求下属各个企业一年进行最低两次全面污水监测，处理好生产污水、生活污水，同时生产活动中产生的盐浴渣、磷化渣、废棉纱、废油按规程做好防污特别处理。维保好烟气、污水治理设施，保障主要污染物达标排放，进一步加大清洁生产的推行力度。[①]

贵州钢绳股份有限公司，根据公司实际加强生态责任制度建设。适时修订完善《岗位安全操作规程》和《公司环境、职业健康安全管理制度》，加强公司的职业健康安全管理体系与环境管理体系可控稳健运行。2017 年公司完成职业健康安全管理体系与环境管理体系换证之后，2018 年公司又对职业健康安全管理体系与环境管理体系

① 参见《贵州贵航汽车零部件股份有限公司 2018 年度社会责任报告》。

手册、有关程序文件和有关作业指引做了修订和完善。公司进一步更新有关适用法律法规标准，修订安全生产责任制、危险源辨识风控程序、风险分级制、绩效量化与监控等四个方面的管理制度。在这些制度完善基础上，当年公司生产中产生的180多万吨酸性废水，经环保处理达标后全部以中水形式投入生产使用，不但减少废液排放，而且减少了对河水的取水量，切实实现节能减排。①

贵州红星发展股份有限公司，各生产单位以“环保就是竞争力”的生产经营理念，通过技术进步、加强基础管理，不断强化落实有关环保要求和环保标准，在固、液、气等污染物控制工作上达到新水平。一是在固体污染物管理上，全公司的钡渣无害化治理和综合利用进展显著。通过批量给水泥厂用以制造建筑材料这一方式，使得钡渣的无害化处置率达到100%。下属大龙公司2018年无害化处理11.1万吨锰渣、12.9万吨钡渣；下属大足红蝶公司也在稳步推进锶渣综合利用。二是在废液管理上，改进废水治理相关设施、加强雨污分流相关设施，使得废液综合处理水平得到显著提升。大龙公司新增了自动调节系统，不断完善了中水回用的管网，废水的排放量得到显著减少；大足公司的废水实现了零排放。三是在废气的综合管理上，大足公司新建的克劳斯系统正式运转，从而实现了克劳斯系统操作和H2S比值仪全面纳入DCS管理，增加了DCS的报警功能，安全性、直观性得到新的改进。②

中航重机股份有限公司，坚持以绿色航空为中心，按照“一条主线、严格两防两控、完善三大体系、推进四个平台”的治理框架，不断推进企业发展朝着集约高效、内生增长、环境友好和资源节约转型。公司全体生产单位的环保治理相关组织机构不断健全，责任不断

① 参见《贵州钢绳股份有限公司2018年度社会责任报告》。

② 参见《贵州红星发展股份有限公司2018年度履行社会责任报告》。

强化落实。不断建立健全环保制度体系，将建设项目的“三同时”有关管理规定落到实处，加强建设项目环保备案、审批等工作，下属公司还通过绿色航空工业基础级的审核工作。[①]

（二）建好周边环保环境

贵州省国有企业在做好自身生产经营中的生态责任之外，大多还关注企业周边生态环境的改善。通常结合自身所处行业优势或企业特点，参与周边河湖流域、山地环境、大气环境的治理和建设工作。这样的事例有很多。比如，茅台集团在所处赤水河流域设立“赤水河流域生态环境保护基金”，目前以每年出资人民币5000万元为标准，坚持连续出资了10余年，共计出资数亿元，来推动赤水河生态环境长效保护机制的建立。再比如，贵州黔源电力股份有限公司于2018年在北盘江梯级开展鱼类增殖放流工作，在3月和9月共放流72万余尾的鱼苗。公司通过鱼类栖息地建设、天然河段保留、叠梁门分层取水设施建设、集运鱼系统建设、人工鱼巢建设、鱼类增殖放流站建设等措施保护原生鱼类资源。此外，借用专业力量，通过三峡大学的合作，共同建设“三峡大学北盘江生态环境研究基地”，从科学研究高度开展鱼类资源的保护工作。探索如何有效降低大坝建设运营带来的流域生态系统影响，从而达到水电建设开发和生态保护治理之间的良性互动。[②]

（三）供好绿色产品和服务

贵州省国有企业在做好自身建设、助益企业周边环境生态保护的同时，不少企业牢固树立生态、绿色、环保意识，向社会提供绿色产品和服务，引导上下游企业和业务对象积极向绿色生产经营转型。贵

① 参见《中航重机股份有限公司2018年度社会责任报告》。

② 参见《贵州黔源电力股份有限公司2018年度社会责任报告》。

州电网有限责任公司，积极建立健全电网运营环保风险的防控体制机制，进一步落实绿色规划和设计及施工标准，大力减轻电网运行和建设对环境造成的影响，不断提高清洁能源供给、提高用能效率，助力绿色贵州建设。贵阳银行股份有限公司，进一步完善绿色金融的架构体系，以金融政策引导市场主体绿色生产经营。银行出台了《贵阳银行关于加快发展绿色金融的实施方案（2018～2020年）》，进一步明确了绿色生态特色银行功能定位，形成绿色金融的组织架构，将绿色作为重点支持的行业、领域、服务和产品的重要引导要素。建立健全绿色金融的标准、创新绿色金融服务和产品、加大披露环境信息的力度、开展绿色认证评估、建立特色项目库，进一步确定了绿色信贷重点支持领域和方向，推动信贷资源不断流向全省绿色经济相关领域。截至2018年末，绿色贷款的余额达155.27亿元，较2018年初增长了72.28亿元，绿色贷款占比在全部贷款中达9.38%。积极推进绿色金融转型发展。通过全国银行间债券市场，推出首单规模为50亿元的贵州省绿色金融债券。这类绿色金融债券将主要投向生态农牧渔业、林业开发、清洁交通、清洁能源、污染防治、旅游资源保护性开发及自然生态保护、非常规水源利用及节水等七大领域。截至2018年末，投放的绿色金融债券金额达到9.66亿元。①

二　贵州省国有企业生态责任取得的经验成效

党的十八以来，贵州省国有企业秉持“绿水青山就是金山银山”的理念，牢牢守住生态和发展底线，不断践行大生态战略行动，助力贵州国家生态文明建设试验区进程，国有企业在履行生态责任方面付出了很多努力，取得了明显经验成效。

① 参见《贵阳银行股份有限公司2018年度社会责任报告》。

（一）充分发挥党组织生态保护堡垒作用

国有企业党组织是推进企业履行社会责任的重要力量，在生态责任方面，国有企业党组织同样发挥着战斗堡垒作用。一是国有企业党组织谋划推动国有企业履行生态责任。国有企业党组织承担着落实党中央决策部署的重要使命；党的十八大以来，以习近平同志为核心的党中央高度重视生态环境保护和绿色发展问题，出台一系列政策文件；这些文件在国有企业的贯彻落实工作，均主要由国有企业党组织推动。二是国有企业党组织通过开展常规环保活动，促进企业生产经营各环节开展生态保护创新。比如，开展企业节能评比竞赛活动、企业环保工艺改进竞赛活动、企业生态建设创新比赛等。三是国有企业党组织主动协调企业驻地党委等相关党组织协同解决生态治理难题。环境治理问题常常不会局限于某一特定物理范围，通常会影响一片区域内的不同行政区域的政府部门、市场主体，甚至包括事业单位等社会主体。通过加强同一环境治理难题相关市场主体、政府部门、事业单位的党组织之间的联系协调活动，常常会起到很好的推进作用。

（二）带头履行企业生态责任

贵州省国有企业在市场主体履行生态责任的队列中，常常处于前列和中坚位置。一是与更多的民营企业更强的营利性不同，国有企业多处于国民经济命脉和关键行业，在发挥市场竞争机制的同时，企业的社会责任和基础公共服务提供属性更加突出，在面临生态环保要求时，国有企业首先考虑的是社会责任，故常常属于行业履行生态责任的中坚力量。二是国有企业在资产规模、人员规模、资本规模上，处于行业中的大型企业队列，对应的行业社会责任履行水平也就较大量民营小微企业更多、更长、更广。国有企业常常是行业协会等行业组织的会长、副会长等单位，在行业履行社会责任中，同样要有带头作用。三是国有企业的地域流动性较民营企业更小。民营企业经营机制灵活，何地出台优惠政策、何地经营有利可图、何地经营成本小，就会很快流动到哪里。而国有企业通常由当地公共部门出资，负有一定社会责任和战略目的，无论市场风云变化，常在当地数十年如一日经营深耕该行业，企业利益与当地生态环境等自然社会环境紧密、持续相连，国有企业有更多、更持续的动力履行生态责任，甚至主动为当地生态环境多做贡献，旨在争取当地社会更多支持、推进当地生态环境优美、取得更多社会影响，从而为企业发展营造更为宽松环境。

（三）切实担当地域环境治理砥柱

国有企业履行生态责任常常与当地突出的环境问题治理密切相关。首先，对于矿产资源型国有企业，在矿产资源长期开发过程中，不可避免对周边环境造成影响。然而，矿产资源开发过程中，并非只有国有企业参与，还有大量民营资本参与。与国有企业大规模开发相比，民营企业通常规模较小且分散、技改水平落后，处于产业链辅助、下游位置等，有更大几率发生偷排污等环境事件，其生产经营反而会对环境带来更多不确定影响。然而当地一旦出现地域或流域污染物超标，该行业国有企业就要承担首要治理责任甚至全部治理责任；而国有企业通常从各种因素考虑主动承担全部治理责任。其次，在当地环境建设和恢复过程中，国有企业通常从社会效果考虑，一般会采取积极行动比如设立环境保护基金、捐建社区环保治理设施等方式，积极增进当地环境生态改善。最后，国有企业通常重视环保宣传教育活动。通过开展生态宣传活动进校园、进社区系列活动，加强与驻地居民的生态保护理念互动，形成良好的协同保护环境氛围。

（四）稳妥应对环境历史问题

国有企业大多为经营年限较长的企业，其企业存续历史常常伴随着几代人记忆，有着数十年的存续历史。在改革开放之前、改革开放初期，由于历史条件的限制，有些环境问题历史久远，比如矿渣治理、尾矿整治、土地复垦、小流域污染物超标等问题。其间，有些国有企业已退出经营、有些国有企业已搬迁至外省、有些国有企业在当地发展壮大、有更多市场主体包括民营企业参与当地资源开发，此时，对于环境历史问题的治理，除当地政府积极牵头整治外，在当地做大做强的该行业国有企业通常会积极参与其中，在环境历史问题治理中发挥积极、建设、带头作用。

三　贵州省国有企业生态责任存在的困难问题

贵州省国有企业在履行生态责任过程中积极探索有关经验，取得明确成效。然而，由于生态环境保护和发展的复杂性、历史性、区域性，国有企业履行生态责任仍存在不少困难问题。这些问题值得深入分析，以更好推进国有企业生态责任履行工作。

（一）妥善处理好历史贡献与历史欠账问题

在矿产资源行业比如磷矿、铝矿、汞矿、煤矿等开采行业，国有企业曾为国家和地区发展做出了历史性贡献。由于历史条件和技术条件限制，以前的资源开采环保措施和力度无法与现今力量和技术相比。基于这些原因，随着时代发展，资源开采地的生态环境保护历史遗留问题逐渐暴露出来，而近年来随着经济结构调整，资源类企业经济效益受到较大影响，加之历史负担较重，这类国有企业面对当前生态责任和历史欠账颇为吃力。这就需要客观综合考虑该类国有企业的

历史贡献与历史欠账问题，既明确企业的生态主体责任，又充分考虑现实条件和社会受益情况，由政府部门统筹各类环境治理资金、项目、技术，共同推进历史解决遗留环境问题。一方面，成立地域聚合治理历史遗留环境问题的议事协调组织，加强党对这类问题的领导。充分发挥各个成员单位的建设作用和托底作用。另一方面，积极争取国家特别支持和特别政策，采用以奖代补、易地项目置换等灵活方式，化解国有企业历史负担，实现国有企业历史贡献与历史欠账的总体平衡。

（二）妥善处理好企业发展与邻避困境问题

国有企业多分布在资源、能源、化工行业领域，这些行业项目一经落地，通常会引起周边社区居民的大量关注，比如垃圾焚烧发电项目、大型化工项目。尽管这些项目有严格的环境评估程序和标准，然而由于信息不对称、居民朴素认识和科技发展的局限性，邻避困境普遍存在。解决这个复杂问题，通常远远超出企业自身能力，需要调动各种积极因素、寻找多种办法、协调多个部门统筹推进解决。因此，国有企业发展过程中，需要高度重视企业发展与邻避困境下的周边生态环境保护的关系。一方面，以积极态度争取政府、社会、居民各方面的大力支持；发挥好党组织协调统筹作用，加强项目措施宣传，增加项目立项落地等各环节的透明度，主动回应社会关切，争取给周边居民带来更多便利、机会和益处。另一方面，不断提高生产经营生态环保治理水平，争取多方面支持推动采用最先进环境保护工艺和设施，争取将对环境的影响降到最低；以实效降低邻避困境影响。

（三）妥善处理好企业生态责任与环境损害复杂因果关系问题

国有企业面对生态责任，要有积极担当的态度，同时也要区分环境损害复杂因果关系与企业生产经营行为之间的关系，找出环境损害真正原因，采取措施推进问题解决。由于贵州地下岩溶、地下暗河发达，小流域污染物超标常常找不到直接排污主体，只有先行依靠国有企业的社会担当对流域污染物进行治理。在著名的乌江 34 号泉水治理过程中，就是由开磷集团主动担当治理任务，自 2009 年来先后投入 5 个多亿予以治理，当前治理设施运维经费每年已达 1 个多亿。这种国有企业的生态责任担当值得认同和鼓励，但同时还可以充分挖掘量化复杂因果关系下的环境治理责任分配问题，让污染从源头得到遏制和治理，让履行生态责任企业权利和义务更好对应起来，充分发挥生态环保机制的激励和约束作用。如何达致这一效果，迫切需要科学寻求解决方案。

（四）妥善处理好企业生态责任与生态成效共享问题

国有企业在履行生态责任、参与生态环境修复和促进活动中，其生态建设和治理后果通常是一个地域、流域或气候区域的环境改善和促进，其受益群体是不特定的居民、企业、社会组织和政府部门，还包括上下游区域、周边区域。当前，全国范围的跨行政区域生态补偿机制尚有待普遍建立和实施。在更大范围的跨行政区生态补偿机制建立之前，国有企业履行生态责任的长年投入与生态成效跨地域共享这一投入与受益主体分离现象如何改进，需要妥善应对。此外，处于当地行业引领地位的国有企业与其他国有企业、民营企业之间如何平衡生态治理责任、共享生态治理成效问题，也需要予以破解。

（五）妥善处理好企业生态责任与经济效益问题

国有企业在履行生态责任的同时，作为市场主体，同样要考虑生产经营的效益问题，以维持和促进企业发展。部分国有企业受国家和地区经济结构转型升级影响，生产经营面临转型升级压力，环保持续加大投入受到较大经济压力，如何实现既要保障环保投入又要维持提高企业经济效益，对其是一种考验。部分国有企业既要参与市场竞争，在维持与民营企业相同竞争人力成本、资产成本、资金成本投入同时，需要承担区域环保治理引领责任，同时其他社会责任投入也在不断加大，比如脱贫攻坚帮扶投入等；在此情况下，如何平衡环保投入与效益，以及与其他社会责任比如扶贫人力、物力和财力投入？对其是一种考验。

四　改进贵州省国有企业生态责任有关建议

基于上述贵州省国有企业生态责任现状、经验成效和困难问题的分析，需要我们进一步发扬取得的经验，破解存在的困难问题。可以考虑从下述方面予以探索破解。

（一）加强国有企业党组织与驻地党组织的生态协同

充分发挥党对经济社会领域尤其生态环保领域困难问题解决工作的领导，是国有企业突出的组织优势。国有企业可以充分用好这一组织优势，与驻地党组织协调联动，共同面对，通过生态协同机制克服更广范围、更深程度的环境保护和建设困难问题。首先，积极争取企业驻地党委政府支持，建立并用好特定生态难题治理领导小组机制，发挥环境综合协同治理机制作用。其次，科学制定生态环境治理和发展方案，推动环境治理发展任务按落地要求逐类分解、逐项对应各个责任主体，通过议事协调机制予以推行，从而协同应对生态环保问题。最后，要主动用好国有企业党组织重大事项请示报告机制，将需要更长时间、更大力度、更广范围予以破解生态环保问题及解决对策建议报送上级党组织，争取上级党组织协调省各部门党组织和各地区党组织联合推进生态环境问题解决。

（二）坚持原受益主体共同应对生态历史欠账

生态环境保护具有历史性和地域性，要辩证、客观看待国有企业历史上形成的生态欠账。在计划经济时期和改革开放初期，这些生态历史欠账形成的同时，国有企业也对国家和当地做出了历史性的贡献。因此，要妥善解决这一问题，除了要发挥国有企业主体作用外，其他原受益主体（比如当地社区、国有资产管理部门等）可以考虑适当分担生态责任，当地政府环保部门要采取措施统筹解决这一问题，国家有关转移支付要优先支持这一问题解决，有关环境保护基金和项目也可以优先支持这类生态历史问题的解决。

（三）加强宣传和利益分享机制破解邻避困境

对于环境保护中常见而又难以破解的邻避困境问题，可以尝试通过宣传教育、增加决策透明度等方法争取当地居民理解和支持外，还应重点考虑实施项目的国有企业与周边居民的利益分享机制的建立。比如，吸纳周边居民到项目上就业；结合企业上、下游需求，给周边居民提供市场机会；改善项目周边社区交通出行条件和设施；促进改善周边社区生活设施；促进改善周边社区教育医疗条件等等。通过助益项目周边居民生产生活，赢得周边居民支持，破解邻避困境。

（四）加强行业和区域建设共同履行生态责任

处于区域和行业引领地位的国有企业可以考虑通过行业协会、地域协会等组织团结本行业、本地域大多数企业，履行社会责任，共同保护生态环境。可以通过行业、地域生态责任评比和评估活动，引导本行业、本区域企业自觉履行生态责任；也可以通过自查、自纠等方式，增强企业的生态环保能力，保障企业长远发展利益；还可以通过共享、共建、交换生态环保处理设施、技术等方式，实现本行业、本地域相关企业间协同履行生态责任的良性循环。

综上所述，贵州省国有企业要抢抓国家生态文明试验区建设机遇，正视困难与不足，总结经验，不断探索生态责任新方法、新路径，在守好绿水青山、奋力开创多彩贵州新未来中发挥应有建设性作用。

B.4

贵州省国有企业助推脱贫攻坚发展报告

张云峰*

摘 要： 贵州省国有企业助推脱贫攻坚，是国有企业履行社会责任的方式之一。自贵州省大扶贫战略行动实施以来，全省国有企业积极参与到全省脱贫攻坚工作中，高度重视脱贫攻坚工作，真扶贫、扶真贫，在帮扶地的产业发展、基础设施建设、教育扶贫等方面做了很多工作，积累了一定的经验，为贵州打赢脱贫攻坚战贡献了自己的力量。2020年，贵州打赢脱贫攻坚战，国有企业仍需在帮扶地继续发力，在创新和丰富帮扶模式、农村基层党组织建设、帮扶干部能力建设、激发贫困群众内生动力等方面做出更大的努力。

关键词： 贵州省国有企业　大扶贫战略　脱贫攻坚

国有企业是国民经济的支柱，在国民经济的关键和重要部门中关乎国民经济的安全和国家安全，同时，国有企业是经济社会的重要组成部分，是全面建成小康社会的组成部分，承担着重要的社会责任。国有企业履行社会责任与企业的发展辩证统一，国有企业在发展中履行社会责任，在履行社会责任中更好地发展，最终实现企业价值、效

* 张云峰，贵州省社会科学院党建研究所副研究员，研究方向为国有企业社会责任、党史研究。

益和社会责任三者综合效益的最大化。贵州省是脱贫攻坚主战场，脱贫攻坚任务繁重，困难大。国有企业助推脱贫攻坚是治理能力现代化框架下的一项系统工程，也是贵州大扶贫战略形势下的必然要求。自大扶贫战略行动实施以来，贵州省国有企业积极履行社会责任，踊跃参与到全省脱贫攻坚工作中，为贵州打赢脱贫攻坚战贡献了自己的力量。

一　贵州省国有企业助推脱贫攻坚的做法

贵州省国有企业认真贯彻省委、省政府《关于动员国有企业结对帮扶贫困县推进整县脱贫的指导意见》，围绕集中打赢脱贫攻坚战，积极发挥企业自身特点和优势，围绕产业发展、基础设施建设、教育扶贫继续发力，集中力量推进脱贫攻坚工作。

（一）从思想上高度重视脱贫攻坚工作，真扶贫，扶真贫

贵州省国有企业高度重视脱贫攻坚工作，把能够参与到脱贫攻坚工作作为企业义不容辞承担的责任，认识到脱贫工作的艰辛，深感责任重大和使命光荣。每一家国有企业高度重视对帮扶地帮扶工作，与基层干部群众紧密结合，把省委、省政府的嘱托贯彻到扶贫工作，在基层做到真扶贫，扶真贫，向贫困发起总攻。

选派精兵强将，让帮扶工作质量更高，成效更明显。盘江集团把精准脱贫作为重要政治责任，按照“负责任、精准化、造血式、可持续”和“做示范、树品牌、带农户”的帮扶原则，选派政治过硬、能力过硬、作风过硬的驻村第一书记 8 人，把党建工作全面融入帮扶的各项工作中，引领赫章、盘州、钟山、水城、六枝等地精准脱贫工作，整合投入资金 1.03 亿元，帮助发展产业项目 36 个，采购贫困地区农特产品 1371 万元，解决就业 25953 人，总结出了“市场思维抓

扶贫、共建共享共发展”的“盘江模式”。

认真学习和领会省委、省政府关于脱贫攻坚工作的指示。瓮福集团召开党委中心组（扩大）学习会议，要求瓮福榕江扶贫工作队、瓮福榕江公司以《中共贵州省委关于深入实施打赢脱贫攻坚战三年行动发起总攻夺取全胜的决定》作为瓮福集团履行社会责任打赢脱贫攻坚战的行动指南，提高政治站位，积极通过实施培育帮扶特色产业，精准农化农技服务，建立产业示范基地，持续教育帮扶和产业帮扶等措施，助力榕江县脱贫攻坚工作。

真抓实干，在脱贫攻坚第一线涌现出一批批优秀干部。国有企业对贫困地区的大力支持不仅在资金和资源上，还选派政治素质过硬，业务能力高，懂农业、爱农村、爱农民的帮扶干部队伍深入基层。帮扶干部以村为家、以民为亲、沉下身子、立足民情，真抓实干投入到帮扶工作当中，涌现出一批批优秀的扶贫干部，赢得村民的赞扬，受到群众的拥戴，成为脱贫攻坚工作中的先进典型。开磷集团的庹兴忠和张树培，深入贫困村，帮助群众解决最困难的问题，因工作突出，2018 年分别获得“全省脱贫攻坚优秀共产党员”“全省脱贫攻坚优秀村第一书记”称号。

（二）因地制宜，助推贫困地区产业发展

贵州省是全国贫困程度深、贫困面积最大最广、贫困人口数量最多的省份，要顺利完成脱贫攻坚任务，在农村走产业革命之路势在必行，没有产业，难以脱贫，难以巩固脱贫成效。贵州省委、省政府提出来一场振兴农村经济的产业革命，国有企业在帮扶过程中，紧紧贯彻和落实省委的决策和部署，在帮扶地区大力支持和帮助贫困地区发展产业，通过产业发展，带动地方脱贫。

着力在贫困地区发展有特色的产业，通过增收来实现脱贫。国有企业结合帮扶地的实际，培育与当地地理环境相适合又有特色的龙头

企业，通过产业的发展，带动更多贫困人口参与到就业中来。在龙头企业生产和管理过程中，发挥国有企业的优势，强化管理，促使企业赢利，带动贫困群众一起增收。

丹寨县具有发展蓝莓的地理环境优势，茅台集团紧盯当地实际情况，以茅台生态农业公司为龙头企业，在丹寨县建立蓝莓基地，以蓝莓为原料，生产加工蓝莓酒和系列蓝莓饮料。在茅台的品牌带动和全方位的帮扶下，丹寨生产的蓝莓系列饮料在国内一线城市广泛销售。在茅台生态农业公司带动下，丹寨县蓝莓产业从原材料生产到精深加工的产业链已经形成，为当地解决 2000 多名贫困群众的就业，带动建档立卡贫困户 1.05 万户 3.62 万人。茅台生态农业公司在丹寨县投产以来，销售收入达到 1.2 亿元，利税达到 800 万元。在茅台集团的精准帮扶下，丹寨县蓝莓产业发展势头迅猛，县委、县政府把蓝莓产业作为当地产业结构调整的正方向，2018 年，全县蓝莓种植面积达 10130 亩，可以采摘面积有 7100 亩。

着力为贫困地区发展解决资金困难。贵州贫困地区具备发展优质农业的地理条件，但是资金短缺成为贫困地区发展产业的瓶颈。为了帮助贫困地区发展产业，帮扶的国有企业尤其是银行系统对口帮扶的地方，千方百计为当地产业发展提供发展资金，通过财政扶贫资金贴息撬动大量金融资金投入发展，解决了贫困地区产业发展的资金困难。

务川县的产业发展具有良好的条件，但是长期受制于资金，产业无法做大做强。国家开发银行帮扶务川县以来，为了支持当地产业的发展，国家开发银行予以务川县农业产业化开发扶贫项目贷款 2.5 亿元。务川县具有发展产业的环境和条件，国家开发银行向从事茶叶和生态羔羊产业的 365 户农民贷款 6000 万元。国家开发银行的资金支持，为当地农民发展产业予以了最大的帮助，促使当地产业发展，助推脱贫攻坚。贵州银行贯彻落实省委、省政府的决策部署，在全省范围内支持一批具有精准脱贫辐射带动作用的特色扶贫产业项目，通过产业的发展带动群众脱贫。2018 年投放项目 140 个，为扶贫产业基金和绿色产业扶贫贷款 12 亿元，对一批生态环境好，带动群众致富前景好的企业予以大力支持。据不完全统计，贵州银行支持关岭牛、盘州刺梨、威宁马铃薯、毕节萝卜、江口萝卜猪、遵义红粮、铜仁生猪、水城猕猴桃、修文猕猴桃等一大批扶贫产业项目，有 2. 5 万贫困户参与到产业发展中来，产业发展使得近 10 万贫困群众实现增收。

创新参与扶贫的模式，构建合理的利益联结机制。瓮福（集团）有限责任公司结对帮扶黔东南苗族侗族自治州榕江县开展扶贫，根据榕江县地理环境条件，以市场为导向，大力发掘当地特色农产品，锡利贡米、小香鸡、香菇、竹鼠、石蛙等特色农产品的价值逐渐得到发掘，得到市场认可。为了解决销售困难，瓮福集团的“福农宝”大数据平台为榕江县的农特产品提供服务，大数据平台为农特产品销售提供了更广阔的渠道。瓮福集团发挥企业自身优势，加强生产管理和拓展市场销售，带动了贫困户增收脱贫。

（三）完善贫困地区基础设施建设，为贫困地区发展打下坚实的基础

贵州贫困地区一直受制于基础设施建设薄弱，当地群众发展产业和奔小康之路一直受到严重制约。完善基础设施是贫困地区彻底脱贫的基础性条件，是当地群众的生存生活质量和发展质量显著提高的关键性要素，也是贫困地区稳定脱贫、不再返贫的重要保障。自 2015 年响应省委、省政府号召参与脱贫攻坚工作以来，贵州省国有企业高度重视贫困地区基础设施建设，尤其是 2018 年，致力于农村基础设施建设。

大力予以贫困地区基础设施建设的资金支持。基础设施建设需要更多资金投入，但是贫困地区一直受制于资金缺乏，无法更好开展基

础设施建设。国家开发银行对口帮扶务川，积极为务川县解决资金短缺，向务川发放贷款9.8亿元用于全县通村通组项目建设，全县建设农村公路1500多公里，为贫困群众打通通往外面世界的最后一公里。务川自治县16个乡镇的101469人受惠于此项目，其中建档立卡贫困人口为48065人，对务川自治县建档立卡贫困村做到全覆盖，有力破解了该县发展基础设施的瓶颈制约。务川、道真、正安等地的交通建设是当地经济社会发展的瓶颈，国家开发银行为途经务川、正安、道真的高速路建设，发放高速贷款18.1亿元。通过高速路的修建，改善了当地的区位优势，拉近务川与外地之间的距离。贵州银行一直致力于贵州基础设施建设，尤其是农村组组通工程。2018年贵州银行向全省累计贷款137亿元，修建农村公路4万多公里，打通群众通向富裕的最后一公里，1000多万贫困地区群众出行条件得到改善。贵州茅台集团习酒公司捐资17万元，用于改善贵州贫困地区交通条件。

（四）大力支持贫困地区教育事业

习近平总书记指出：扶贫先扶智，绝不能让贫困家庭的孩子输在起跑线上，坚决阻止贫困代际传递。[①] 治贫先治愚，扶贫先扶智。摆脱贫困需要智慧，智慧来源于教育，阻止贫困代际传递的重要途径就是发挥教育的作用。由于历史原因，贵州长期处于交通闭塞、社会发展缓慢和教育落后的状态，贵州教育发展滞后，严重制约贵州经济社会的发展。大力发展贫困地区教育，阻断贫困的代际传递是脱贫攻坚的重要措施之一。

国有企业高度重视贫困地区教育事业，充分认识到教育是阻断贫困代际传递和地域延续的关键举措之一，也是打赢脱贫攻坚战的重要

① 《习近平扶贫新论断：扶贫先扶志、扶贫必扶智和精准扶贫》，人民网，http：//politics.people.com.cn/n1/2016/0103/c1001－28006150.html。

一环，把扶贫与扶智紧密结合起来。国家开发银行把助学贷款业务看作夯实教育扶贫基础的固本之策，竭力为每一位贫困家庭学生服好务，力求把资助工作做实做好，确保学生没有因家庭经济困难而失学，深得学生、家长、社会的好评。2018 年，为务川县共办理助学贷款 3 万人次，其中贫困户 2862 户，惠及贫困学生 2862 人，累计发放贷款 1.6 亿元。为贫困县师资队伍寻找机会提高教学水平。国家开发银行与中国西部人才开发基金会联合开展“西部彩烛工程”中小学校长培训公益项目，贯彻“培训一名校长，提升一所学校，带动一个地区”的教育理念，务川县有 75 名中小学校长到北京师范大学参加培训，通过培训，中小学校长管理能力和教学理念得到提升，为当地教育发展奠定基础。

捐资助学，为农村贫困大学生提供继续学习的条件。为了解决农村品学兼优大学生就读的困难，贵州茅台集团长期致力于资助贫困地区大学生，长期举办的“国酒茅台·国之栋梁”、“习酒·我的大学”公益助学活动，已经成为企业捐资助学的知名公益品牌。2018 年，贵州茅台集团习酒公司共出资 760 万元，资助 1466 余名学子圆梦大学。

（五）参与移民搬迁工作，为贵州搬迁工作贡献力量

贵州是全国易地扶贫搬迁规模最大，任务最重的省，贵州移民搬迁人口数量将达到 188 万人。为了有序有效推进移民搬迁这项工作，确保搬迁群众通过搬迁过上幸福生活，贵州省国有企业大力支持处在深山区、石山区、生态环境脆弱地区、集中连片特困地区和民族地区的农村贫困农户搬迁，通过贫困人口生存环境的转移，实现脱贫。搬迁过后，紧紧围绕“搬得出、稳得住、能致富”的工作方针，扎实细致抓好易地扶贫搬迁后续生计保障工作。

国家开发银行大力支持务川县移民搬迁工程，为当地镇南镇、砚

山镇等乡镇实施生态易地扶贫搬迁发放贷款3.24亿元，让498户2556人顺利实施搬迁。处理移民搬迁之外，还积极支持务川县棚户区改造，发放贷款11.57亿元，涉及棚改居民7169户。通过搬迁和棚户区改造，缩小城乡差距，协调城乡发展，部分贫困群众告别了贫困，过上了幸福生活。

支持地方政府做好移民搬迁后半篇文章，全力帮助搬迁群众解决生计问题。贵州茅台集团对口帮扶道真县，集团上下一起发力，为道真县脱贫付出很大的心血。为了实现“搬得出，稳得住”，让搬迁群众过上幸福生活，茅台集团在道真县建14个食用菌大棚，通过引进产供销一条龙服务的公司，保底价收购香菇，形成食用菌产业链，帮助每户贫困户每年收入至少达5万~6万元，解决搬迁移民的就业和后顾之忧，助推当地乡镇企业发展。

二 贵州省国有企业助推脱贫攻坚的经验

贵州省脱贫攻坚工作有序推进，目前取得成就巨大，得到社会各界广泛支持和赞誉。贵州省国有企业在脱贫攻坚工作中亦做出很大的贡献，其中某些做法已经积累了一定经验，具有推广价值。

（一）脱贫攻坚工作是重大的政治任务，是企业履行社会责任的方式

国有企业参与脱贫攻坚工作，是当前最重大的政治任务，是企业贯彻落实省委、省政府行动之一。自从参与脱贫攻坚工作以来，贵州国有企业进一步提高政治站位，牢固树立“四个意识”，始终坚持以习近平新时代中国特色社会主义思想为指导，落实新发展理念，高度重视国有企业扶贫工作部署，更好地承担起国有企业的社会责任，积极投入脱贫攻坚战中。自工作开展以来，国有企业高度重视脱贫攻坚

工作，把脱贫攻坚与企业履行社会责任有机结合起来，对贫困群众的帮扶落到实处，切实体现国企的风范和责任，在帮扶过程中进一步履行国企的社会责任。结合帮扶地实际情况，国有企业制定灵活多样的帮扶措施，以基础设施建设、产业扶贫、教育扶贫为重点，做到“造血”与“输血”式扶贫相结合。加强对帮扶队伍的监督管理，为他们做好后援工作，提供各项保障，鼓励他们在脱贫攻坚战场上建功立业。

（二）扶贫先扶智，高度重视智力扶贫

教育是阻断贫困代际传递的最佳方式。贵州省帮扶的国有企业充分认识到教育水平提高对贫困地区的重要性，高度重视贫困地区教育的支持。贫困地区教学质量的提高，对当地经济社会发展起着重要作用。贵州省国有企业高度重视贫困地区如何解决贫困，同时对贫困地区教育更加关注，支持当地教育基础设施建设，为当地教育管理水平提高提供培训机会，资助贫困地区大学生继续在大学求学。教育文化水平的落后，是导致当地贫困落后的主要根源。从教育文化入手，帮助贫困群众具备一定文化水平，增强他们战胜贫困的能力。

（三）强大基层党组织，发挥他们在脱贫攻坚中的战斗堡垒作用

基层党组织，是党在社会基层组织中的战斗堡垒。贫困地区基层党组织战斗能力不同程度存在软弱涣散的特点，在带领群众战胜贫困方面的能力不够，积极性不高。贵州省国有企业针对这一特点，紧紧抓住农村基层党组织建设，以“两学一做”为切合点，整治软弱涣散的基层党组织，激发基层党组织党员干部潜在的能力，转变过去落后的思想面貌。贵州茅台集团基层支部对口帮扶道真县农村基层党组织，从理论和能力方面入手，全方位提高当地基层党组织的发展能

力。基层党组织能力的提高，在脱贫攻坚中战斗堡垒作用得到充分发挥，脱贫工作能够加速前进，脱贫成效就会更加明显。

（四）实施产业扶贫，是贫困地区解决贫困和防止返贫的关键

脱贫攻坚工作的核心和关键是让贫困地区拥有可持续发展产业，产业的发展是解决当地贫穷的根本手段，通过产业的发展，可以巩固和稳定脱贫成果。贵州省国有企业响应省委、省政府的号召，在贫困地区大力发展产业，通过市场机制，帮助贫困群众接触市场，引导他们适应市场规则，通过市场获得经济收入。针对贫困群众的特点，国有企业注重产业扶贫的模式，把贫困户纳入产业体系中去，企业解决管理和市场上的问题，让贫困户直接参与生产，带动他们一起赚钱。企业围绕贫困地区发展的产业，进行产业链整合和价值链的提升，探索多种形式的企业与贫困户的利益联结机制，精准对接，有效提升贫困群众参与市场竞争和抵御市场风险的能力。

三　存在的问题及成因分析

贵州省国有企业在脱贫攻坚工作中取得显著的成绩，但是调研过程中也发现存在以下不足的地方，可能制约扶贫工作的推进。

（一）帮扶的考核监督机制不够健全

目前脱贫攻坚工作的推进，主要是省国资委对帮扶企业的考核管理，但是应该看到，国有企业属于国资委的管属，这样考核缺乏公信力。帮扶地对国有企业帮扶成效的考核，其结果也存在公信力不够的问题。目前的实际情况是，在国有企业和帮扶地之外，尚未有独立的第三方对脱贫攻坚工作进行有效的考核监督。

（二）对帮扶地内生动力激发不够

国有企业在贫困地区进行产业扶贫、改善基础设施、提高当地教育水平方面做了大量的工作。在长期的救济式扶贫的背景下，部分地区贫困群众等靠要思想严重，好吃懒做和游手好闲的劣性明显，成天一起喝酒赌博晒太阳、“我是贫困户我怕谁”、“我是贫困户我牛” 等落后现象不时存在。针对这一现象，国有企业似乎束手无策，没有与当地相关部门研究遇到这一社会丑陋现象，激发群众自觉抵制的有效措施。

（三）企业自身优势对帮扶地脱贫攻坚积极作用发挥有待提高

国有企业参与脱贫攻坚，具有较强的政治意识和责任意识，但是对企业来说，擅长于企业内部生产管理和市场拓展。为了完成任务，很多企业不得不抽调精兵强将到一线参与脱贫攻坚工作，对企业的生产、管理和销售都产生很大影响。在帮扶过程中，因为专业的原因，企业的特长没有充分发挥，如银行系统只能够在政策允许范围内，对帮扶地予以产业、基础设施建设等方面提供资金支持，但是对于产业发展，脱贫攻坚工作的管理，实在是难上加难。不考虑帮扶企业的优势和特点，容易造成人力和物力的浪费。

四　对策建议

（一）创新和丰富国有企业帮扶贫困地区发展模式

国有企业对贫困地区的帮扶，必须彻底改变过去提供物资和资金的传统救济模式，要创新帮扶模式，在产业发展、基层党组织建设和基础设施建设方面多下功夫，创新和丰富帮扶的模式。一是在帮扶地选择适当产业，通过产业发展，就近吸纳贫困群众就业，通过技术指导和意识提高，让贫困群众逐步转化为产业工人，把改变农村产业结构与贫困群众脱贫致富有机结合起来。进一步做好利益联结，让贫困群众参与到帮扶工作中来，让国有企业在帮扶中进一步发展。二是继续加强帮扶地农村党组织建设，把帮扶地农村基层党组织建设成为领导当地脱贫攻坚的战斗堡垒。给钱给物，不如给个好支部。农村基层党组织是带领贫困群众脱贫攻坚的战斗堡垒，是带领农村脱贫攻坚的领头雁。国有企业须加强对农村支部书记和党员带领群众发展能力的培训，尤其是产业发展和市场运营方面的基础知识。通过党员干部能力的提高，实现带领群众共同致富的目标。三是继续加大对帮扶地基础设施建设的投入。部分国有企业的帮扶地拥有丰富的自然资源，但是由于基础设施建设滞后，造成脱贫进程缓慢。帮扶的国有企业只需为当地基础设施建设发力，打通通往富裕的最后一公里，致富就是水到渠成。

（二）加强舆论监督，让社会各界参与到脱贫攻坚工作中来

舆论监督是国有企业助推脱贫攻坚过程中履行社会责任的重要力量，是社会各界依附于国有企业参与脱贫攻坚工作的过程。国有企业应提高对舆论监督的认识，主动配合舆论监督，让脱贫攻坚的工作在舆论监督下公开公正高效地进行。国有企业应建立健全正常对外沟通的相关机制，及时向外公布脱贫攻坚工作的情况，对于社会上歪曲和误解国有企业监督言论，及时公布事实的真相。

（三）加大智力扶持的力度，激发贫困群众的内生动力

地方贫困与观念贫困往往是一对孪生姐妹，这种现象在贵州普遍存在。20 世纪大规模开展的救济式的帮扶，对贵州很多贫困地区的群众的来说，即使规模再大，最终也改变不了他们的生活状态，只能

让贫困状态继续延续。当前，在脱贫攻坚的关键时期，只有充分认识到多数贫困群众是源于思想意识落后而致，千方百计帮助他们改变等靠要这一落后意识，调动和激发他们内心深处的内生动力，脱贫攻坚的事业才会有成效，脱贫攻坚的目标才能实现。因此，国有企业应科学总结改革开放以来在帮扶地扶贫工作成效不大的原因，制定可行且符合实际的激发贫困群众内生动力的行动方案，尤其是加大对农民的培训和基础教育投入的力度，从思想深处扫除观念落后、长期等靠要的惰性思想，来一场去除落后观念的革命，让贫困群众在脱贫工作上把事事求诸人转为事事先求诸己。

（四）加强对基层帮扶一线干部的综合能力建设

基层帮扶涉及的知识面广，需要加强对基层帮扶干部综合能力的强化。可以分批分期在党校、干部学院、高校对基层干部进行产业发展、市场销售、基层党组织建设、社会管理等方面进行培训，提高他们运用理论指导实践的能力，培养出一支懂农村、懂农业和爱农民的扶贫队伍；加强对基层帮扶队伍工作的考核和监督。通过考核和监督，增强扶贫队伍责任感和紧迫感，让他们主动为农村繁荣、农业发展和农民富裕千方百计寻找适合的路子；加大对于一线帮扶干部队伍的关怀力度，对长期在基层的帮扶干部，予以更多的人文关怀，并落到实处，尤其是对在帮扶工作中成效突出、口碑好的领导干部，在晋升、提拔、评优评先、绩效（津贴）工资等方面予以倾斜。

（五）加大宣传力度，在帮扶地营造自力更生勤劳致富氛围

脱贫攻坚工作中，营造贫困群众积极向上勤劳致富的舆论氛围相当重要，可以形成贫困群众你超我赶的良性竞争局面，亦可以让等靠要的懒汉们无地自容。树立典型，大力宣传在党的领导下依靠自己勤劳致富的真实例子，通过榜样的力量，引导贫困户汲取自立精神和力

量，让他们主动靠自己双手的劳动来摆脱贫困。对于身体条件好的贫困户，改变救济式扶贫方式，不能简单地给钱给物、发钱发物，通过政策的设置和项目的帮扶，消除他们不劳而获的想法，调动他们的积极性，让他们用双手实现脱贫。对于等靠要思想严重的贫困户，进行深入做工作，对转变不大和依然如故的，通过新闻媒体揭露其懒惰行为。增强感恩意识，加强对扶贫政策的宣传，对美好生活的畅想，传递党在基层群众中间的温暖，让贫困群众时刻感受到党的关怀。

区 域 篇

Regional Reports

B.5
黔西南州国有企业社会责任发展报告

郭 丽 谭途遥*

摘 要： 2018 年，黔西南州在脱贫攻坚、易地扶贫中勇担社会责任使命，在脱贫攻坚中发挥重要作用。但从州属国有企业的行业分布来看，国企实体经济布局不合理，量少力弱，监管企业债务规模较大，自身筹资能力弱，资金链持续运作能力不强。本报告立足于2018 年黔南州国有企业社会责任履行的现状，深入分析原因，提出相关的对策建议。

关键词： 黔西南州 国有企业 社会责任

* 郭丽，贵州省社会科学院党建研究所研究员，研究方向为国有企业社会责任，党建研究、社会学；谭途遥，贵州民族大学助理馆员，研究方向为档案学。

近年来，黔西南州认真贯彻省委、省政府和州委的各项决策部署，践行新发展理念，深化供给侧结构性改革，守好发展和生态两条底线，全力打好三大攻坚战，在稳增长、促改革、调结构、惠民生、防风险上主动作为，强力推进大扶贫、大山地旅游、大生态三大战略，经济社会呈现稳中有进、提质升位、民生改善的良好态势。值得注意的是，黔西南州州属国有企业社会责任债务规模大，自筹能力弱，社会责任履行的能力、实力是黔西南州国有企业自身亟须解决的重大问题。

一　2018年黔西南州州属国有企业基本情况

黔西南布依族苗族自治州位于滇、黔、桂三省（区）结合部。贵州省西南部，珠江上游，云贵高原东南端。东经 104°35′~106°32′，北纬 24°38′~26°11′。自治州辖区面积约 16804 平方公里。境内分布有布依族、苗族、汉族、瑶族、仡佬、回族等 35 个民族。截至 2018 年，黔西南布依族苗族自治州辖 2 市 6 县。1981 年 9 月 21 日，撤销兴义地区，设立黔西南布依族苗族自治州，1982 年 5 月 1 日，黔西南布依族苗族自治州人民政府正式成立，自治州人民政府驻兴义市。黔西南州黄金分布广、储量大、品质高，2005 年 9 月，被中国黄金协会命名为“中国金州”。黔西南州山川秀丽，气候宜人，文化底蕴深厚，清代乾隆年间创办了著名的笔山书院。州府兴义人杰地灵，涌现出张之洞、王伯群、王文华、何应钦、刘显世等大批人物。2017 年，全州地区生产总值为 1067.6 亿元，比上年增长 12.5%。2018 年 12 月 29 日，被国家民委命名第六批全国民族团结进步创建示范区（单位）。

全州共有国有企业 251 家。其中，州属企业 38 家，占总数的 15.14%，分别由州国资委、州工信局、州交通运输局等 13 家行政事业单位履行出资人职责；县级企业 213 家，占 84.86%，具体分布情况为：兴义市 57 家、兴仁市 24 家、普安县 24 家、晴隆县 19 家、贞丰县 14 家、册亨县 24 家、安龙县 24 家、义龙新区 11 家、望谟县 16 家。其中，州国资委监管州属国有企业 9 家，均为州管一类企业，包括州文化旅游（集团）公司、州工投（集团）公司、金州电力公司、州宏升公司、州扶投公司、州城投公司、州水投公司、州金农公司和州畅达公司。

二 2018年黔西南州国有企业社会责任履行情况

（一）着力深化国有企业改革发展

一是着力推动融资平台公司实体化转型发展。积极落实《黔西南州推进州级投融资平台公司实体化发展工作方案》，加快国有经济布局优化和结构调整，着力发展实体经济。截至目前，已完成实体化项目 30 个，正在推进 49 个，经确认无法推进已终止项目 14 个，已完成投资约 115 亿元。二是深入推进监管企业战略性重组。按照“成熟一家、推进一家”的原则，启动和推进州管国有企业战略重组，优化结构、做强主业，整合金州投资公司、兴义民航公司和州峰林文旅公司组建成立州文化旅游（集团）公司，放大资源、资产经济效益，培育壮大全州文化体育旅游产业。三是积极盘活国有资产。与州财政局、州发改委配合，对全州国有资产进行清理排查，积极推进行政事业单位、国有企业经营性资产、土地资源统一清理、统一管理、统一运营、统一处置。

（二）着力国有资产保值增值

截至 2018 年 12 月底，全州 251 家国有企业资产总额 3508.33 亿元，同比增长 17.3%；所有者权益总额 1336.27 亿元，同比增长 9.1%；利润总额 17.72 亿元，同比增长 119.72%。2018 年，全州地区生产总值 1163.77 亿元，同比增长 12%，增速排全省第 1 位[①]。截至 2018 年 8 月 31 日，12 户监管企业资产总额 3680166 万元，同比增长 1.49%；负债总额 1955188 万元，同比增长 2.01%；所有者权益 1724978 万元，同比下降 0.91%。1 ~ 8 月实现营业收入 4545 万元，同比增长 12.28%；实现利润总额 –3884 万元，同比下降 79.65%。[②] 2019 年初，贵州木纹石材开发股份有限公司作为贵州“千企改造”工程龙头企业，州水资源开发投资有限公司下属的贵州鹏昇（集团）纸业有限责任公司、贵州同益新型建材有限公司，以及州宏升资本营运有限责任公司下属企业贵州宏创农业开发有限公司，州国资委各监管国有企业各条生产线正常运转，生产经营秩序井然，复工复产整体情况良好，生产经营、提质增效、安全生产、党的建设等各项工作正有条不紊推进。[③]

（三）着力提升国资监管效能

一是健全监管制度。推动出台《中共黔西南州委办公室　黔西南州人民政府办公室关于进一步加强和改进全州国资国企监管的实施意见》《黔西南州国资委监管企业重大事项报告管理办法》《黔西南州推进州级投融资平台公司实体化发展考核办法》《黔西南州州属企业国有资本收益收取管理暂行办法》等办法，修订完善《州国资委监管企业负责人经营业绩考核办法》及其计分细则，不断健全以管资本

① 《2018 年黔西南州地区生产总值增速占全省第一》，2019 年 1 月 28 日，新华网贵州频道。

② 黔西南州国资委《2018 年 8 月州国资委监管 12 户企业经营情况》，黔西南州国资委网站，2018 年 9 月 28 日。

③ 《黔西南州国有企业节后复工复产，抢抓首季“开门红”》，2019 年 2 月 14 日，新华网贵州频道。

为主的监管运营体制机制，规范国有企业重大决策行为，加强监管企业经营业绩考核，引导企业提质增效、健康发展。二是创新监管手段。进一步修改完善《黔西南州国有企业“企业云”平台推广应用实施方案》，推进“企业云”平台在全州国有企业的推广应用，规范国资国企监管，提升国有资产监督管理水平，加强对监管企业使用“企业云”平台后财务数据质量的跟踪和调度，结合企业反映的使用过程中存在的问题，督促中信大数据公司及时完善升级平台，确保数据准确安全。创新建设“黔西南州智慧金州·国企监管云”平台，利用大数据手段全方位反映企业人、财、事管理情况，对企业投资风险、财务风险、违规经营风险等情况进行预警监控。三是加强财务监督。建立月分析报告制度，按月对企业财务情况进行统计分析，形成分析报告上报。积极配合州财政局开展全州国有企业 2018 年度财务决算工作，按照省国资委的要求编制《黔西南州国有企业 2018 年度资产运营情况报告》并及时上报。

（四）着力企业风险防控

强化风险管控。制定防范化解监管企业债务风险工作方案，成立专班、明确专岗，落实债务风险排查措施和债务风险防控调度机制，加强对监管企业债务的摸底、监测与分析，通过一月一调度对企业债务的“借、还”进行全过程监管，强化对监管企业新增投资、融资项目的管理，积极开展债务风险防范化解调研、预防提醒约谈和专题座谈，督促监管企业健全债务风险防控及预警机制，引导企业拓宽融资渠道、优化债务结构，积极消化存量、严控增量。

（五）着力脱贫攻坚

在贵州省脱贫攻坚的决胜时期，黔西南州国有企业勇当“先锋兵”、“火车头”，兴义市水务公司牢固树立“抓党建就是抓关键，抓关键就是抓发展、就是抓经济效益”的理念，转变经营理念，由过去的单一供水发展为集供水、污水处理、水环境治理一体化的模式，总资产由改革前的2.28亿元增加到22.05亿元，以党建为引领，助力脱贫攻坚。切实帮扶易地扶贫搬迁人民群众，保障搬迁户的用水，为安置区的居民组织安装，及时安表到户，并派专人驻扎移民区，及时解决移民用水问题，并出台优惠举措，如凡是易地搬迁建档立卡贫困户，享受5年的居民生活用水，非居民生活用水第一阶梯水价的优惠政策，5年内不收取污水处理费和垃圾处置费，整村整组搬迁的非贫困户可享受两年的居民生活用水、非居民生活用水第一阶梯水价优惠政策，两年内不收取污水处理费和垃圾处置费。洒金、浙江商贸城、风度胖山等易地扶贫搬迁居民共计7794户群众每年可享受月80万元的用水实惠。州工业投资集团公司到望谟县昂武镇共商脱贫攻坚。详细了解昂武镇近期生产经营、人才配备、产品质量以及新产品研发等方面的发展情况，就发展思路、市场开拓、发展瓶颈和解决举措进行深入交流，脱贫攻坚更精准、更有效。州绣娘实业集团公司到马岭河镇新市民移民安置点共商脱贫攻坚相关事宜。

（六）强化监管企业安全生产

认真贯彻落实全省、全州安全生产紧急电视电话会议精神，全面压实监管企业安全生产主体责任，督促指导企业切实做好安全生产工作，确保监管企业无安全生产事故发生。黔西南州工业国有企业贯彻落实全省国有企业安全生产工作视频会议精神和全省安全生产紧急电视电话会议精神，坚持“安全第一，预防为主”，牢固树立安全意识，将安全生产责任牢牢扛在肩上、抓在手上，增强危机意识。强化责任落实，全面落实安全生产责任制，强化安全培训，建立健全安全生产工作体系、防控管理体系、监督管理体系、应急管理体系，安全生产责任体系，将安全措施落实到经营决策中，落实到生产计划中、落实到生产组织中，落实到每个职工的工作过程中。

三　存在问题及原因分析

（一）黔西南州国有企业整体实力不强，缺乏社会责任履行的充足实力

社会责任履行要依靠国有企业的经济实力，除了国有企业履行社会责任，要具备具有社会责任履行意识外，某种程度上说，经济实力就是国有企业履行社会责任的实力。研究发现，经济效益好的国有企业社会责任的履行能力强，经济效益不好的企业社会责任履行能力不强。黔西南州州属国有企业的整体实力不强，社会责任的履行能力也相应不强。

1. 企业数量较少，赢利能力较弱，缺乏具有竞争力的龙头企业

黔西南州国资委监管企业 9 家，数量较少，截至 2019 年 3 月末，9 户监管企业资产总额 698. 24 亿元，所有者权益 255. 97 亿元，平均资产负债率 63. 34%。3 月份监管企业实现营业收入 2. 55 亿元，利润总额 0. 6 亿元。[①] 但黔西南州 2018 年国有企业资产总额 694. 55 亿元（占全省 1. 82%），平均资产负债率 57. 54%。[②] 由此可见，尽管黔西南州规模以上的工业法人较往年增多，但经济效益整体实力不强。缺乏真正有竞争力的龙头企业。

2. 国有企业经济总量不大

以黔西南州国资委监管企业州工投集团公司、州城投公司、州宏

① 资料来源：黔西南州国资委提供。

② 贵州省人大常委会办公厅：《关于贵州省国有资产管理情况汇报》，省第十三届人大常委会第七次会议，2018 年 11 月 27 日。

升公司、州扶投公司、州水投公司、州金农公司、金州电力、州畅达公司、州金州投资公司、州财信担保公司、兴义民航公司、州峰林公司等12家公司。以截至2018年8月的数据分析，12户监管企业资产总额3680166万元，同比增长1.49%；负债总额1955188万元，同比增长2.01%；所有者权益1724978万元，同比下降0.91%。1～8月实现营业收入4545万元，同比增长12.28%；实现利润总额－3884万元，同比下降79.65%。由此可见，经济总量不大，同时与2017年比较，还存在利润总额下降。

（二）国企实体经济结构不合理

一是州属实体企业量少力弱，对全州国有经济发展形成的支撑效果不够。二是很多投融资平台公司还处于实体化转型初期，大部分业务还是依赖政府财政投入，缺乏优质项目运作及实体产业的支撑，市场化运作能力不强。三是一些老旧企业未能适时“消化”，改革改制推进较慢，空壳企业仍在不断增长，导致资产分散闲置，造成资源浪费。

（三）国资监管体制机制亟待完善

一是州国资委处于组建初期，在职能划转承接等方面还有很多工作细节需要协调和达成共识。二是法人治理结构尚不健全。从全州总体情况来看，形式上建立法人治理结构的只有部分州管公司及县市的个别公司。在县级层面，国有公司大多是为完成政府特定工作任务而成立，很多没有按《公司法》和现代企业制度的要求运作。

（四）防范化解债务风险形势严峻

一是监管企业债务规模较大，短期偿付压力大，还本付息化债保障措施有限，自身筹资能力弱，资金链持续运作能力不强。以12家国资监管企业为例，截至 2018 年 8 月，负债总额 1955188 万元，同比增长 2.01%；所有者权益 1724978 万元，同比下降 0.91%。二是部分企业融资担保存在债务代偿风险，部分融资担保资金回笼困难，可能导致债务风险。

（五）国资监管机构自身建设不足

目前，州国资委在编在岗人员 19 人，刚考调、选调的新同志多，且专业结构不够合理。

四　黔西南州国有企业社会责任履行的对策建议

2015 年 8 月 24 日，《中共中央、国务院关于深化国有企业改革的指导意见》正式颁布，《指导意见》要求 2020 年，在国有企业改革首要领域和关键环节取得决定性成果，形成更加符合我国基本经济制度和社会主义市场经济发展要求的国有资产管理体制、现代企业制度、市场化经营机制，国有资本布局结构更趋合理，造就一大批德才兼备、善于经营、充满活力的优秀企业家，培育一大批具有创新能力和国际竞争力的国有骨干企业，国有经济活力、控制力、影响力、抗风险能力明显增强。黔西南州将在这次改革大潮中，立足于现有国有企业社会责任履行的现状，提出相应的对策建议。

（一）持续推进国有企业履行社会责任自觉性和主动性

2020 年，贵州省将与全国一起同步进入小康社会，贵州省进入脱贫攻坚决胜期，脱贫攻坚和易地扶贫搬迁任务繁重，黔西南州同步小康仍面临巨大挑战。黔西南国有企业仍是社会责任履行的“火车头”，要做社会责任履行的表率和榜样。将政治任务放在第一位，加强社会责任的履行，为脱贫攻坚和同步小康筑牢思想防线，不脱贫不同步就“不收兵”，为黔西南州人民的幸福感安全感获得感履行好社会责任，将党的中心任务牢记心头，勇担重任。

（二）深入推动国有企业改革发展提高国有企业整体实力和活力

一是推进公司制股份制改革。以平台公司实体化为载体，积极探索子公司层面股权多元化改革，支持国有企业间，国有企业与民营企业间，地方国有企业与央企、省企间交叉持股，大力推进股份制改革工作，力求在混合所有制改革上取得突破。重点推进金州电力公司“双百行动”综合改革。二是继续推进国有企业战略性重组。进一步明确企业定位、定向，使企业更好地聚焦主业、做强主业，增强核心竞争力，提升战略支撑能力，更好地实现企业利益共同化、全州利益最大化。扎实推进《州文旅集团公司组建实施方案》实施，加快推进公司正常运营。三是继续推进州级平台公司转型升级。积极落实公司实体化发展工作方案和考核办法，加强对重点实体化项目跟踪督导，定期开展综合分析和调度，促进企业聚焦主业和做强主业，加快实现高质量发展。

（三）转变国资监管方式，激发国有企业内生动力

一是持续优化企业服务。结合州国资委权力和责任清单，对国资监管业务进行全面梳理，进一步优化监管工作流程，简化办事程序，提升服务效率。建立服务企业机制。建立州国资委领导联系服务企业工作制度，开展“下基层、访民情、办实事、转作风”活动，定期深入监管企业一线，协调帮助企业解决实体化转型、重点项目建设、国企党建、法人治理、薪酬分配、债务风险防控等方面存在的困难和问题，促进企业快速健康发展。二是优化监管方式。积极推进“企业云”平台在全州国有企业的推广应用；严格按照州纪委数据铁笼

工作督战组要求，加快推进“国企监管云”平台建设，打造国资监管“数据铁笼”，创新提升国资监管工作。三是加强监管企业债务风险防控。健全债务风险防控机制，及时掌握企业偿债能力和主业经营情况，坚持快速响应、分类施策、稳妥处置，消化存量、严控增量，加强监管企业债务管控和监测分析，多管齐下化解企业债务风险，坚决守住不发生重大经营风险事件的底线。

五　未来及展望

随着黔西南州国资委对州级各监管企业 2018 年上半年实体化项目推进落实，12 家监管企业实体化项目共 88 个，主要涉及矿产资源开发、新型材料及新能源建设和开发、水利电力建设经营、交通投资建设、临空配套产业投资等行业。截至 2018 年 6 月底，新增 4 个实体化项目，实体化项目总计 92 个，各监管企业已完成实体化项目 24 个；正在推进的项目 53 个；未推进的项目 15 个。正在实施的部分项目对黔西南州实体化经济的发展具有引领和带动示范效应。此外，部分正在按计划稳步推进的项目也将对企业突出主业优势，提升综合实力的发展带来积极效果。这些项目的实施，黔西南州国有企业的产业布局将进一步优化。将对社会责任履行质量和效益具有更强的推动力。

B.6
黔东南州国有企业社会责任报告

李德生 *

摘　要： 黔东南州国有企业发展虽然起步较早，但发展速度比较缓慢，总体规模比较弱小。2018年，黔东南州国有企业坚持更新发展理念，注重质量效益，以提高核心竞争力为中心，化解债务风险，开拓融资渠道，坚持强根固魂，激发企业活力，取得了明显成效，在实现国有资产保值增值的同时，积极助推地方脱贫工程，较好地履行了自己的经济责任和社会责任。

关键词： 黔东南州　国有企业　社会责任

一　黔东南州国有企业基本情况

黔东南州是贵州省三个少数民族自治州之一，位于贵州省东南部，东与湖南怀化地区毗邻，南与广西河池、柳州接壤，自治州成立于1956年7月23日，州府所在地设于凯里市。2018年末，黔东南州境内常住人口353.83万人，少数民族人口占总户籍人口的81.1%，其中苗族人口占43.0%，侗族人口占30.4%。黔东南州自然生态保存完好，拥有大面积的原始森林和自然保护

* 李德生，贵州省社会科学院党建研究所副研究员，研究方向为党史党建与贵州历史文化。

区，全州森林覆盖率高达 67.37%，稳居贵州省第一名。由于境内主要以少数民族为主，黔东南州经济社会发展相对缓慢，到 2017 年地区生产总值才突破千亿大关，2018 年底为 1050 亿元。

黔东南州国有企业起步反而较早，在自治州成立的当年就诞生了第一家国有企业——州建总公司。经过多次改制重组，到 2018 年底，入选州国资委监管的企业共有 9 家，按成立时间先后分别是：贵州中建伟业建设（集团）有限责任公司、贵州省凯里汽车运输（集团）有限责任公司、州凯宏城市投资运营（集团）有限责任公司、州开发投资（集团）有限责任公司、州交通旅游建设投资（集团）有限责任公司、州水利投资（集团）有限责任公司、州文化旅游投资（集团）有限责任公司、州工业投资（集团）有限责任公司、州演艺（集团）有限责任公司。

与自治州同龄的州建筑总公司 2018 年正式更名为贵州中建伟业建设（集团）有限责任公司，经过 63 年的砥砺奋进，公司已经发展成为贵州省建筑施工行业的一支劲旅，现有在职职工 700 多人，企业年生产能力 200 亿元以上。公司业务以房屋建筑施工为主导，集房地产开发、公路工程、市政工程、水利水电、建材检测、装饰装修等产业于一体，拥有国家房屋建筑施工总承包特级企业资格，是全国 30 个少数民族自治州唯一一家特级企业；州开发投资有限责任公司成立于 2008 年 6 月，由州人民政府授权黔东南州国有资产监督管理委员会履行出资人职责。经过发展已成为拥有全资子公司和控股公司共 26 家的州属大型企业集团公司，涉及水电经营、铁路物流、旅游开发、建材经营、农特产品开发、房地产开发、木结构构件及建筑、金属材料回收、大数据产业等诸多行业。截至 2017 年底，公司资产总额 393.6 亿元，职工总数 1196 人；州水利投资有限责任公司成立于 2011 年，2018 年 11 月重组为黔东南州水利投资（集团）有限责任公司，负责全州水利建设项目（骨干水源、流域开放与治理，城镇供水排水、污水处理项目、小水电项目、涉水旅游等）的投资建设和运营，年营业收入1.8亿元，资产规模达89亿元，集团公司从业人员共792人；州凯宏城市投资运营（集团）有限责任公司原名黔东南州凯宏资产运营有限责任公司，2005年12月注册成立，2018年11月改为现在的名字，公司主营业务为城建类、城市开发建设及其他相关业务，经营范围为城市地产、燃气、停车场、管廊、市场、物流产业、健康药业、电线电缆生产销售及其相关产业的投资建设和运营，现有在岗人员共355人；州文化旅游投资（集团）有限责任公司前身为黔东南州苗侗文化旅游产业投资有限责任公司，成立于2012年7月，公司主要对旅游景区和旅游商品批发市场进行投资建设、经营、管理，经营范围包括民族文化、休闲体育项目、旅游景区园林规划、设计及施工及户外广告等；州交通旅游建设投资集团有限公司成立于2009年5月，集团主营业务涵盖交通产业、旅游产业和城市资产运营三大板块，从成立以来，累计完成交通基础设施项目投资60多亿元，集团下属有5家全资子公司、4家控股子公司和6家参股子公司，三级机构30家；贵州省凯里汽车运输（集团）有限责任公司成立于2015年7月，公司主要经营客、货运输，物流、站场管理、城市客运、旅游客运、出租车、汽车租赁；驾驶培训等业务；州演艺（集团）有限责任公司前身为州歌舞团公司，成立于2010年8月，2018年合并州电影院、州影剧院、州电影发行公司并改为现在的名字。公司主要业务是组织文化艺术交流活动；影视策划、礼仪庆典、多媒体制作、承办会议和教育培训等；州工业投资有限公司成立于2017年12月，目的是为了整合全州工业园区优良资产，引导各县充分发挥优势，努力做大工业经济总量，提升工业产业质量，全力推动全州工业园区健康发展。

表 1　黔东南州国资委监管企业 2016 ~ 2018 年基本情况

黔东南州	2016 年	2017 年	2018 年
监管企业个数	12	13	9
经营收入(亿元)	40	78.63	56.29
利润总额(万元)	4405	12300	5778
实现税金(亿元)	2.3	4.79	3.13
资产总额(亿元)	240	442	474.48
州国民生产总值(亿元)	939	1040	1050

资料来源：黔东南州国有资产监督管理委员会工作总结。

二　黔东南州国有企业履行社会责任的情况

（一）坚持效益优先，加快推进项目投资

2018 年，州属国有企业实施项目共 25 个（含水利打捆项目），其中：续建项目 11 个，新建项目 9 个，预备项目 5 个，总投资规模达 375.31 亿元。以州承办省第十三届旅发大会为契机，强化项目建设调度，重点抓好挂丁纸厂温泉小镇等一批旅游开发项目建设，加快推进交旅非遗博览园、凯宏城市综合体、中建棚改等城市建设项目，积极谋划一批以物流、苗侗医药、康养为重点的产业项目建设。中建伟业集团中标工程 75 个，合同金额 63.77 亿元；完成投资产值 20 亿元、建筑安装工程生产价值 31.31 亿元，实现利润 5226.93 万元，上缴税金 1.759 亿元。凯运集团投资 170 万元的凯运集团新时代机动车检测站投入正式运营。开投集团孟碑电站投入运行，实现销售收入 256 万元；重安江石厂电站完成前期准备工作，挂丁康养城项目完成立项审批、规划选址等工作。凯宏集团洛香湖旅游城市综合体项目完成进度产值约 1.1 亿元；黔东南“县县通”天然气项目获得核准批

复，开工建设麻江、丹寨等县域工程，完成投资 9700 万元。交旅集团交通项目完成投资 5.98 亿元，其中，地方高速和快速通道 PPP 项目 1.5 亿元，国省干道项目 1.88 亿元，航电项目 2.6 亿元；加快推进旁海航电枢纽库区沿线整体规划打造，与中石化达成能源开发合作意向。水投集团 67 个新开工和在建水利水务项目完成投资 16.46 亿元，其中，骨干水源工程完成投资 12.06 亿元，水务项目完成投资 4.4 亿元。文旅集团州林汽棚改项目完成搬迁意向和初步方案设计，州游泳馆项目投入试运营，鼋沱庄酒店升级改造、国家皮划艇激流回旋实训基地装修改造等完成初步方案设计。工投集团冷链物流项目完成项目可研报告编制及修订并申报省绿色产业子基金。

（二）积极对外合作，激发企业生机活力

根据州委、州政府相关招商实施方案的要求，各企业结合实际，积极引进优良资本，广泛开展深度合作，大力实施走出去战略，发展壮大国有资本。水投集团引进世界 500 强企业——上海复星集团旗下的全资子公司柏中水务，组建贵州云上生态环境科技有限公司，以社会资本方的形式参与州内外污水 PPP 项目的投资、建设、运营，完成麻江县城和三穗县城污水处理厂提标改造工程等 5 个应急项目建设任务；积极争取到省水投集团公司的支持，全面提速各县城镇供水巩固提升工程。中建伟业集团发挥建筑施工特级资质品牌优势，业务拓展到海南、湖北、深圳、广西、云南等市场，设立了广西分公司、湖北分公司，筹备设立云南、海南、深圳等分公司。

黔东南州各集团公司通过优势互补、整合资产资源、实现抱团发展，经营业绩、发展水平、抗风险能力不断提升，州级国有资本进一步做大做强，国有企业战略性支撑作用和引领带动作用进一步发挥，企业生机与活力等到进一步激发。凯运集团投入车辆 720 辆、19199 座完成 2018 年春运任务，发班 101267 班次，完成客运量 1456743 人

次；加入全国和省旅游集散中心联盟，开通凯里高铁南站至西江千户苗寨、从江高铁站至从江加榜梯田等多条景区直通车；大力发展小件物品快运业务和撬装加油站建设，拓宽了经营业务、增加了收入。开投集团绿源公司通过增资扩股并购贵州花酒公司，全年实现产值1926万元，其金银花酒、玫瑰花酒获得《2018年度中国纯花酿酒卓越品牌》称号和第十八届中国饭店金马奖，纳入贵州中小企业“专精特新”首批培育对象名单；苗都公司通过增资扩股并购贵州仰阿莎食品公司，扩大了特色农产品深加工规模，打造“苗侗山珍”绿色食品品牌，加快推进黔货出山和脱贫攻坚产业发展。交旅集团畅达国际广场、东方广场、畅达公馆项目2018年完成投资8.8亿元，实现销售收入3亿元。文旅集团2018年保留培育杭州、成都、长沙等城市的3条优质航线，机场吞吐量19.22万人次；发挥自身资源优势，形成以酒店、旅游运输、旅行社等为主导的产业链，打造州内高端旅游服务品牌经营实体。演艺集团完成2018中央电视台春节联欢晚会黔东南分会场演出、中央电视台《舞蹈世界》黔东南录制专场演出；成功执办第十三届贵州旅游产业发展大会文化展和2018中国国际民歌合唱节；创作歌舞类艺术作品40余个，歌曲《相约贵州》《绿色旋律》作为省第十三届旅发大会文化展示成果；完成公益性演出109场、商业性演出700余场；与帮扶的三棵树镇南花村进行项目合作，以“优势民族文化品牌+旅游”模式助推乡村振兴计划实施。

（三）坚持强根固魂，发展党建工作

根据习近平总书记指示，国有企业必须坚持和发展党建工作。在州委、州政府的领导下，州国资委党委强“根”固“魂”，引领各企业党组织努力前行。一是加强学习型党组织建设。将总书记重要讲话精神列入党委中心组重要学习内容，通过加强学习研讨，不断增强“四个意识”，坚定“四个自信”，坚决做到“两个维护”。自觉做到

以习近平新时代中国特色社会主义思想武装头脑，指导实践，提高将国有资本做强做优做大的水平。二是实现“两个全覆盖”。及时组织学习全省国有企业和高校党的建设工作推进会议和全州国企党建工作会议精神，研究提出了“抓学习贯彻、抓问题整改、抓制度建设、抓基层组织建设、抓督促检查”的“五抓”工作措施。指导全州国有企业完成国企“党建入章”等六项重点工作任务，实现党组织、党的工作两个全覆盖。三是强化党建述职评议。组织召开州国资委党委党建工作述职评议会议，对9户企业党委书记进行了述职评议，强化评议结果运用，督促各企业党委书记切实落实好“第一责任人”责任。完成2017年度13户州属国有企业领导班子和45名州管干部的年度考核工作。四是营造风清气正政治生态。落实全面从严治党主体责任，驰而不息纠正“四风”，带头落实中央八项规定及其实施细则，恪守廉洁自律准则。全面抓好党风廉政建设“森林管护区”创建工作，强化巡视巡察反馈问题、经济责任审计发现问题的整改落实。指导督促企业落实整改责任和任务，对存在苗头性问题的企业负责人进行提醒谈话，对巡视巡察发现问题的企业负责人开展示警约谈。约谈企业负责人32人次，各企业开展约谈910人次，建立督促整改长效工作机制。

（四）扩大帮扶力度、助推脱贫攻坚

2018年4月，州歌舞团公司成立了扶贫工作专班，以文旅建设为重点，通过社会投融资以及申报旅游扶贫子基金等形式协调项目资金，协助驻村干部做好扶贫项目运营工作。一是州演艺公司党委采用集中学习、自学、宣讲、网络推送学习等方式，坚持第一时间把党关于文化事业的“好声音”传播到基层的每个角落；二是扎实开展文艺下乡演出，及时让党的“好声音”传入“寻常百姓家”；三是以“南花苗寨”为试点，逐步实现全州传统村落新旅游模式全覆盖。州

演艺公司和南花村签订了“做客南花”项目协议，运用大数据技术进行市场分析，为上级政策设计和工作部署提供有力的数据支持。“南花村党建扶贫芦笙制作工坊”是州歌舞团公司帮扶南花村党建扶贫项目的其中一个，工坊征集贫困户加入，派师傅对他们进行培训，公司对工坊生产的芦笙验收合格后统一收购并出售，以此来将过去的“输血”式扶贫变为帮贫困户自己“造血”，从而帮助他们进行产业脱贫。

州水投公司 2018 年先后资助九南村扶贫产业两次，共投入扶贫资金 7 万元。一是投入 2 万元搭设无籽罗汉果基地网架，并协调县水务局帮助解决 2500 米水管，根据利益联结分配机制预计平均每贫困户可收入 8000 元；二是投入 5 万元资金资助竹山坪晚熟西瓜种植产业购买水管，解决 150 多亩田地的灌溉问题，预计到 2019 年可实现收入 67.5 万元。此外，2018 年 2 月，公司党委开展春节走访慰问活动，共计慰问困难家庭 16 户，每户 2 袋大米，2 桶食用油，共计折合人民币 3680 元，同时资助村委会办公经费 2000 元。贵州中建伟业公司 2018 年帮扶黎平县德化乡成立盛达食用菌制棒厂，项目投入资金 1000 多万元，其中中建伟业公司投入 550 万元，预计当年产菌棒 100 万棒，年产食用菌 2200 吨。目前已建成食用菌大棚占地 8000 多平方米，在建大棚 6000 多平方米，项目建成后预计年产值约 920 万元，覆盖贫困户 400 户，共 2000 余人，户均增收 1.2 万元以上。

州国资委通过组建混合所有制公司（贵州华隆农业有限责任公司），建立“公司 + 合作社 + 农户”脱贫攻坚合作形式，带动榕江县水尾乡黑毛猪养殖合作社贫困户脱贫致富，总投资 1015 万元的黑毛猪养殖建设项目投入运行，利益链接全乡贫困户 695 户 2765 人。指导榕江县平阳乡组建青钱柳、牛羊养殖专业合作社 10 户（含加工厂 3 户），带动贫困户入社 212 户。帮助水尾乡中心小学建立了智能化校园，选送水尾、平阳乡 10 名贫困户子女就读州职业技术学院并资助相应生活补助。通过制订帮扶方案、落实结对帮扶资金、建立帮扶基金会、开展走访慰问等措施，加快推进州属国有企业212名建档立卡困难职工（党员）脱贫步伐。州国资系统选派17名干部驻村开展帮扶工作，坚持派出单位与第一书记责任、项目、资金“三个捆绑”，推动脱贫攻坚取得实效。

三　黔东南州国有企业履行社会责任的总体评价

（一）企业负债率高，履行社会责任能力不足

从目前黔东南州的实际情况来看，州属国有企业虽然发展起步较早，但很长一段时间发展速度缓慢，近两年虽然迎来了良好的发展机遇，但绝大多数国有企业都是以大项目、大投入换来市场占有率，这个阶段往往是以举债来换取项目资金，从而造成企业负债率高，影响了自身履行社会责任的能力。截至2018年12月底，黔东南州国资委履行出资人职责企业实现经营收入56.29亿元，实现税收3.13亿元，但利润只有5778万元；资产总额474.48亿元，净资产总额只有169.01亿元，资产负债率高达64.48%（见表1）。当年监管企业带息负债总额184.48亿元，到期债务49.12亿元，面临极大债务风险。

（二）落实主体责任，巩固安全生产环境

按照州委、州政府各项安排部署，州属国企认真落实安全生产主体责任，坚持“安全第一，预防为主，综合治理”的安全生产方针，通过召开安全生产调度会、加强督促检查、强化整改责任落实等措施，切实将隐患消灭在萌芽状态，确保企业生产安全；通过积极排查矛盾纠纷，认真处理州物资总公司驻贵阳办事处职工、凯运集团公司职工等群众来信来访，化解了纠纷隐患，妥善解决了国有

企业职工家属区“三供一业”分离移交问题、国有企业职教幼教退休教师待遇问题、部分破产歇业企业的历史遗留问题。监管企业2018年没有发生安全生产责任事故，实现了“零非访、零群访、零事件、零事故、零炒作、零失误”的“六零”目标，为企业安全生产营造良好的环境。

（三）配合地方政府战略，助推经济社会发展

地方国有企业主要是国有独资或国有资产占据绝对股份，意味着企业的发展方向天然与地方政府的发展规划融为一体。2018年黔东南州加快基础设施建设，强化环境治理，经济社会发展态势良好，“成功承办第十三届贵州旅游产业发展大会，全州接待游客总人次、旅游总收入分别增长31%和36%；脱贫攻坚战减少贫困人口30.51万人；州城市（县城）环境空气质量优良天数比例为98.9%，33个地表水监测断面优良比例为100%，县城以上集中式饮用水源地水质全部达标；城镇生活垃圾无害化处理率、污水处理率分别达86%和80%；实施交通重大项目33个，142个乡镇实现半小时上高速；建设中小型水库60座，解决20万农村人口饮水安全问题”[①]。州属国有企业为这份成绩的取得贡献了自己的努力，说明他们在自觉不自觉之间配合了地方政府的发展战略，改善了当地发展环境，尽到基本的社会责任。

① 详见黔东南州2019年人民政府工作报告。

B.7

贵安新区国有企业社会责任发展报告

杨红英*

摘　要： 近年来，中国经济进入新常态。随着国有企业改革的不断深入，国有企业社会责任发展进入一个新时期，对国有企业履行社会责任提出了新要求。贵安新区国有企业在履行社会责任方面主要体现为保持国有资产的保值增值，进一步加大融资力度，推动产业高质量发展，持续加大项目建设力度，继续深入推进改革创新，从而实现了国有企业承担的经济任务和履行的社会责任的有机统一。

关键词： 社会责任　国有企业　贵安新区

贵安新区是中国第八个国家级新区，是黔中经济区核心地带，区位优势明显，具备加快发展的条件和实力，在全面深化改革的大格局中，进一步推动国有企业的改革创新发展。贵安新区属国有企业，把履行社会责任与企业经营全面融合，促进企业自身和社会的可持续发展。

* 杨红英，贵州省社会科学院社会研究所副研究员，研究方向为社会保障学。

一 贵安新区监管国有企业的总体情况

按照国家有关国有企业管理的相关精神，贵安新区党工委、管委会对区属国有企业全面履行管理职责。

到目前为止，贵安新区党工委、管委会监管国有企业共3家，都是平台类企业，以贵安新区开发投资有限公司、农业综合开发投资有限公司、电子信息产业投资有限公司（综合保税区有限公司）为代表，主要负责对基础设施、重大产业、电子信息等领域进行投融资。截至2018年，贵安新区属国有企业新增融资到位资金137.65亿元，完成固定资产投资109.99亿元，实现经营收入105.19亿元，实现利润11.7亿元，上缴税收18.31亿元。总体上保持了国有资产的保值增值。

二 聚焦“三大一新”产业链条，推动产业发展

按照“链条式培育，集群化发展，生态化聚集”的总体思路，聚焦大数据、大文旅、大健康、新能源新材料“三大一新”产业链条，推动产业发展提质见效。

一是实施广招商、招大商，积极引入社会资源、资本。贵安新区开发投资有限公司围绕新区主导产业全面加大招商引资力度和精度，2018年签约项目23个，协议资金48.17亿元。其中，高端装备制造、新能源（新材料）领域签约16个、协议签约30.37亿元；大健康、生物医药、生物科技领域签约7个、协议签约17.80亿元。2018年贵安新区农业综合开发投资有限公司围绕“农”字谋划建设农产品特色园区，规划牧场乐园、现代农业科技产业园、高峰花海等项目，已签订意向战略合作协议13家。全面规划了乡镇集贸市场、屠

宰场、高峰花海、平寨、花排、四村乡村旅游建设项目、新区500亩大坝项目、华山松良种场现代林业示范园、贵安贵谷项目、新区殡仪馆、草坪种植项目等一批产业项目。

二是开展企业服务工作，优化投资环境。贵安新区电子信息产业投资有限公司（综合保税区有限公司）全力支持配合贵安新区及综保区（电子园）管委会招商引资工作，加快推进腾讯数据中心配套工程项目，全面启动华为、苹果等重大产业项目落地。公司通过建设完善园区生活性及生产性配套设施建设，完善城市配套功能，提升区域产业和人口承载力，做好安商稳商工作，提升企业服务水平，优化投资环境，促进贵安综保区（电子园）产业和人口集聚发展。建成富士康一二期、贵安综保区一二期、标准厂房二期及物流园、龙山工业园、贵安云谷综合体、贵安云谷智选假日酒店等厂房、公寓、办公楼用房及配套设施建设。建成绿色环保项目贵安云谷综合体分布式能源站并投入使用，成为国内首座“1+3”（1种清洁能源+3种再生能源）多能互补式能源供应站，已完全实现多级能源梯级利用和可再生能源的利用，清洁能源利用率达45%，再生能源利用率达55%，并得到国家发改委、工信部、环保部的高度认可。

三是撬动社会资本助力产业发展。贵安新区开发投资有限公司强化资本驱动，充分发挥产业基金的聚集功能，基金投资大数据产业项目7个，总投资5.79亿元，累计带动14.4892亿元社会资金落地贵安新区。贵安新区电子信息产业投资有限公司（综合保税区有限公司）充分整合各方资源，将公司已建成的工业地产和商业地产盘活。对工业地产，主要将龙山工业园、大数据孵化园及斯特林等工业园区盘活，通过出租方式获取租金，对租金做到应收尽收，提高资产利用率。对于商业地产，主要通过销售或出租方式赢利，盘活云谷综合体及综保区服务外包大楼等资产。2018年公司建设项目建筑面积1781214.82平方米，其中已建面积1701045.30平方米。已出租标准厂房494467.46平方米；已出租办公类面积103116.29平方米；已出租仓库面积55543.79平方米；已出租公寓面积7404.07平方米，含商业出租部分共计出租面积763846.03平方米。贵安云谷综合体C地块住宅全部售罄，取得较好成效。

四是构建产业业态。贵安新区开发投资有限公司根据龙头引领、要素聚集、形成体系的总体思路，以长江汽车、新特汽车项目为引领，聚集产业链上、中、下游项目共25个，高点三元正极材料项目、塔菲尔动力锂电池生产项目等重大项目陆续落地。新特汽车订单量突破10万辆，销售收入达到4亿元。车桩网一体化项目在全省布局发展，完成投资3000万元，初步构建起发电端—储能端—配售电端—制造端—应用及后服务端的全链条式千亿级产业发展生态。

三　稳步推进项目建设，持续增强企业发展后劲

一是加大项目建设力度。2018年贵安新区电子信息产业投资有限公司（综合保税区有限公司）建设项目共计28个（其中完工项目10个，续建项目12个，新建项目6个），项目总投资140.60亿元，开工至11月份累计完成产值52.3884亿元，其中已建成项目10个。2018年贵安新区开发投资有限公司新增项目38个，累计完成投资11.91亿元。城市综合体三期、绿色金融港一期、贵安商务中心等一批自营项目基本建成，建成面积26万平方米。“一城一带”区域内投资建设的固定资产投资项目64个，沿黔中大道产业带建成各类标准厂房200多万平方米，购置、建成商业用房40多万平方米。

二是加强项目管理。严格控制项目成本，从源头上控制投资成本，推行主要建筑材料甲供模式，降低建材成本，采用工程量清单发包模式进行招标，择优选取施工单位，在降低建设成本的同时确保项目建设品质。按照项目进度目标，科学合理安排工期，动态管理，按

计划有序推进项目进度，确保工程建设工期目标。严格按照工程质量标准规范，建立完善工程项目质量管理体系，确保项目质量。

三是加强安全文明施工管理。按照“安全第一、预防为主、综合治理”的方针，建立健全项目安全生产管理体系，对施工安全常抓不懈，保障安全管理人员、资金、措施及设施等全面到位，确保项目安全稳定。

四　落实乡村振兴战略，积极承建公益性项目及准公益项目

一是乡村振兴项目建设。完成直管区四乡镇46个行政村195个自然寨的现场调研和费用测算工作，拟定一期乡村振兴项目费用2.9亿元。

二是人居环境整治项目建设。积极落实环保部对贵安新区环保督查整改工作，牵头编制完成环松柏山水库周边8个行政村、麻线河流域9个行政村农村三改及污水处理工程《项目投资估算表》。起草《贵安新区乡村振兴农村人居环境整治建设项目管理办法》。完成凯儒水库项目建设规划、防洪评价、水资源评价、环评四个专题报告并审查通过。

三是承建水利工程。完成花排水库前期专题报告及相关招标工作，现已具备开工条件，待土地匹配资金完成后即可动工修建。有序推进现代山区水利第Ⅰ至Ⅲ标段的施工，累计完成投资470万元。

五　以改革创新为关键抓手，推动国有企业健康发展

紧紧围绕质量变革、动力变革、效率变革“三大变革”，全面深

化改革不断激发企业发展活力。贵安新区开发投资有限公司按照“整合资源，协同发展，提高效益”的总体思路，完成了公司35家全资、控股以及参股二级子公司的尽职调查，正在开展业务梳理及归类工作。完成公司内设机构和职能设置的初步方案。

一是纵深推进重点改革。深入实施以市场化改革为引领，以投资决策管理、财务管理、人力资源管理、薪酬管理和风险防控五个专项领域为配套的“1+5”改革，对财务“三中心”运转情况和4家市场化改革试点子公司经营运行情况进行分析评估，不断提高运行效率。财务信息系统全面上线，实现财务管理业务处理自动化。出台《公司职业经理人管理办法》，探索市场化选人用人机制。出台《公司经营性建设项目战略储备库管理办法》等系列制度，投资决策水平不断提高。出台《公司风险管理和内部控制管理办法》，风险内控水平全面加强。

二是不断完善企业制度。全面梳理和修订公司制度体系，对需公司党委会、股东会、董事会和经理层决策的90项事项进行了重新梳理并出台了《公司治理权限划分》。修订完成《公司“三重一大”决策制度实施办法》《公司股东会议事规则》《公司董事会议事规则》《公司总经理办公会议事规则》《子公司分类管理办法》，并新修订《公司股东事务管理办法》《公司经营管理人员权限划分》，公司“三会一层”运转机制和公司重大决策行为进一步规范。

三是积极推进混合所有制改革。招标公司、云谷公司按照国有企业混改的相关政策，积极开展混改前期工作。同时，云谷公司、水务公司、市政公司IPO上市前期工作积极推进。

六　大力发展关联产业帮扶，助力脱贫攻坚

探索项目建设与农村“三变”的链接机制，强化到村到户到人

精准帮扶举措，实现经营创收项目与脱贫攻坚行动紧密挂钩。贵安新区农业综合开发投资有限公司积极推动“三变”改革，促进农村资产“三权”分置，引导农村土地经营权有序流转发展农业适度规模经营。

一是带动贫困村贫困户增收。公司积极整合贵安新区古茶资源，以马场四村村、党武掌克村12.8万株生态古茶资源为依托，采取“公司+合作社+农户”联动发展模式，以村民的古树变资产、古树茶青资产变资金、古树资产变股金的“三变”形式，由农投公司为主导，四村村、掌克村古茶专业合作社作为桥梁，261户农户成为规模经营参与者，将所有农户入股的土地及附着物古茶树资源的开发使用权向农投公司投资入股，农户既有茶青收入、也有入股分红，实现“联产联业”、“联股联心”。产品已通过SGS欧盟标准检测及国标检测，实现销售收入60万元，直接带动贫困村345户1035人增收，四村村、掌克村两村及周边农户仅茶青经济收入达50万元以上，精准扶贫工作取得成效。

二是带动村集体合作社发展壮大。按照“公司+合作社/基地+贫困户”联动发展模式，与龙头餐饮企业誉兴集团、大型农业园区贵澳集团组建运营公司，合作运营贵安新区学生营养改善计划大宗食品原料定点采购项目。自学生营养餐项目运营以来，在高峰镇大乐歌村、岩孔村及马场镇松林村、枫林村、场边村建立了5个精准扶贫种养殖示范基地，30余种时令蔬菜及反季大棚蔬菜实行订单式种植。现已累计采购新区合作社及贫困村蔬菜40万斤、大米60吨、鸡蛋10万枚，实际带动10家合作社、30户贫困户、80名贫困人口参与到营养餐项目中，直接带动高峰镇狗场贫困村30人家门口就业，每人年均增收3万元。

三是带动农户就业。按照贵安新区党工委管委会安排部署，抓好特色民宿经营工作。如前期由马场镇平寨村签订租赁5栋民房后交付农投公司装修为高端精品民宿，然后由马场镇组建新公司，以房屋租金作为合作资本，农投公司以装修投入参与合作，双方共同合作经营，带动群众发展。因马场镇拟组建的新公司未成立，为确保国有资产的保值增值，农投公司对已装修好的 5 栋民宿进行试运营，累计实现 5 万元的营收，带动平寨村 4 名农户就业。

四是实现多方面创收。开展苗木移植及销售，公司积极承接土储中心已征收未利用苗木移植养护工作，进一步拓展苗木移栽、销售、养护业务，确保国有苗木资产有效配置和保值增值，实现苗木创收 5.7 万元，初步在牧场乐园构建苗木种植养护基地，形成公司 800 余万元景观苗木资产。

案 例 篇

Case Reports

国有企业属全民所有，是推进国家现代化、保障人民共同利益的重要力量，是我们党和国家事业发展的重要物质基础和政治基础。党的十九大报告提出“创新驱动发展战略”。贯彻新发展理念，建设现代化经济体系中提出“加快建设创新型国家，”并指明了方向：2035年基本实现社会主义现代化，我国经济实力、科技实力将大幅跃升，跻身创新型国家前列。随着现代化经济体系蓝图出现，一个新的国企改革的蓝图也在形成。

创新是引领发展的第一动力，是建设现代化经济体系的战略支撑。要瞄准世界科技前沿，强化基础研究，实现前瞻性基础研究、引领性原创成果重大突破。加强应用基础研究，拓展实施国家重大科技项目，突出关键共性技术、前沿引领技术、现代工程技术、颠覆性技术创新，为建设科技强国、质量强国、航天强国、网络强国、交通强国、数字中国、智慧社会提供有力支撑。加强国家创新体系建设，强化战略科技力量。深化科技体制改革，建立以企业为主体、市场为导向、产学研深度融合的技术创新体系，加强对中小企业创新的支持，促进科技成果转化。倡导创新文化，强化知识产权创造、保护、运用。培养造就一大批具有国际水平的战略科技人才、科技领军人才、青年科技人才和高水平创新团队。贵州省作为首个国家级大数据综合试验区、内陆开放型经济试验区、首批国家生态文明试验区，贵州省已经设立了三大国家级试验区，贵州经济要发展，创新是驱动力、发展力、生产力。

随着《国家创新驱动发展战略纲要》“三步走”的推进，2020年，中国将进入创新型国家行列，2030年跻身创新型国家前列，2050年建成世界科技创新强国。《贵州国有企业社会责任发展报告(2018～2019)》案例篇，将以创新为主题。收集和整理2018年贵州国有企业社会责任在创新方面获奖的10个企业作为案例篇，将每个企业的创新理念、创新做法以及创新成效呈现在读者面前，供读者进一步了解国有企业的创新历程和发展历程。

B.8
贵州省建筑设计研究院有限责任公司科技创新报告

周钥明*

一　企业基本情况

贵州省建筑设计研究院成立于1952年11月，是国家综合甲级勘察设计单位、全国勘察设计协会常务理事单位，具有建筑工程设计、工程咨询、城乡规划、市政设计、工程勘察综合类等十多项甲级资质，业务范围覆盖整个工程咨询产业链。60多年来，贵州省建筑设计研究院创作设计的工程项目，超过500个获得国家、部、省级等多项优秀设计奖及科研成果奖；主编、参编国家和地方的技术标准、规范共30余项，拥有多项专利和专有技术；荣获了包括“全国优秀勘察设计院”“全国建筑设计百家名院”“全国建设科技进步先进集体”“全国建设技术创新工作先进单位”等多项荣誉。现有员工1000余人，其中，本科及以上学历达到80%，高、中级工程技术人员近600人，享受国务院及贵州省政府特殊津贴的专家18人，研究员40余人，具有国家注册资格的从业人员180余人。

二　科技创新工作情况

为贯彻落实《国家创新驱动发展战略纲要》、省委省政府关于科

* 周钥明，贵州省社会科学院助理研究员，研究方向为中国近现代史基本问题。

技创新工作的决策部署，贵州省建筑设计研究院结合行业特点和工作实际，围绕科技创新工作展开了一系列活动。

（一）制定和实施科技创新激励机制，激励和吸引科技人才和大众开展创业创新

2018 年，贵州省建筑设计研究院继续加强培养员工知识产权保护意识，一方面在公司内部举办了“知识产权（专利）基础知识讲解”的技术讲座。另一方面，为了鼓励贵州省建筑设计研究院专利技术工作的开展，根据《贵州省建筑设计研究院专利奖励办法》，公司对 2018 年成功受理和获得授权的专利人进行奖励。通过奖励的方式，公司鼓励更多技术人员参与研究，加大研发力度的同时提高知识产权保护意识。同时，将科研与人才队伍建设相结合，通过与高校合作的科研项目将本科生、研究生培养成为技术人才，纳入公司人才队伍。同时也通过科研项目，培育出多名工程应用研究员、高级工程师和工程师，进一步优化了公司人才队伍结构。

（二）年度研发费用投入总额、预计占企业销售收入总额比例、与去年同比增或减情况

贵州省建筑设计研究院 2018 年继续加大科技投入，企业年度科技投入共计 415.57 万元，基本与上年持平，经费投入较为稳定。2018 年度科技投入占主营业务收入比重的 0.89%，比上年提高了 0.05 个百分点。

（三）实施科技成果转化，产生新的经济增长点

2018 年贵州省建筑设计研究院作为技术应用型企业，利用国企优势，发挥设计带头人作用，积极协助行业相关单位推进科技成果转化进程。主要体现在对新技术、新材料的推广应用方面，通过以新技术、新材料的应用技术标准化的方式，采取与优质新材料厂商合作，同时向贵州省住房和城乡建设厅、贵州省质量监督局、贵州省土木建筑工程学会等行业主管部门、行业团体组织申请编制标准、设计图集等一系列指导性文件的方式进行。

2018 年贵州省建筑设计研究院合作推广的新技术、新材料有：贴膜中空玻璃（合作单位：贵州省建筑材料科学研究设计院有限责任公司等）、新型材料 NZL 隔声砂浆（合作单位：江苏拓天节能科技有限公司）、冷弯薄壁型钢——喷筑式磷石膏基砂浆复合墙体（合作单位：瓮福化工科技有限公司、上海恪耐新材料科技有限公司）、智能灯杆（合作单位：中国铁塔股份有限公司贵州省分公司）、超长大体积混凝土结构跳仓法技术（合作单位：北京市建筑工程研究院有限责任公司）等。正在编制的包括《贴膜中空玻璃应用技术规程》、《超长大体积混凝土结构跳仓法技术规程》、贵州省《智能灯杆》标准设计图集、贵州省《隔声砂浆浮筑楼板系统》标准设计图集、贵州省《冷弯薄壁型钢——磷石膏基轻质砂浆喷筑复合墙体内隔墙构造》标准设计图集等。

在近年来的科技转化工作中，“贴膜中空玻璃”的科技成果转化初见成效。“贴膜中空玻璃”系贵州省建筑设计研究院与贵州省建筑材料科学研究设计院有限责任公司等多家单位历时八年共同研发的科技成果，现已完成课题攻关并投产，处于推广应用阶段。同时，在推广方面也做了大量工作，一方面在贵州省工业固体废物综合利用（建材）工程技术研究中心大楼外窗、贵州省建筑设计研究院的大楼外窗项目中应用该产品，获取到一手应用数据、用户评价等；另一方面，积极协助形成贵州省土木建筑工程学会团体标准《贴膜中空玻璃》（产品标准）、贵州省级地方标准《贴膜中空玻璃》（产品标准）、申请编制贵州省地方标准《贴膜中空玻璃应用技术规程》（应用标准），通过在设计行业的指导应用，推进该产品的科技转化进程。

（四）承担国家或省重大科技支撑项目实施情况

“十三五”以来，贵州省建筑设计研究院坚持创新驱动发展，不断加强科技创新管理、提升科技创新能力、搭建科技创新平台、加大科技创新经费投入和创新队伍建设。积极响应国家、省、市、区等科研管理部门号召，积极组织申报科研项目，主持或参与了多项国家、省、部级科研项目。截至目前，公司承担的科研项目有：国家重点研发计划“绿色建筑及建筑工业化”重点专项“西南多民族聚居区绿色建筑模式与技术体系”课题的研究（课题编号：2017YFC0702404）（参与单位）；住建部科学技术计划项目：“山地建筑装配式现代木结构在地技术应用研究”（项目编号：2017－K9－041）（牵头单位）；“温和地区居住建筑节能设计标准研究”（项目编号：2016－R1－003）（参与单位）；贵州省科技计划项目：“门型钢构（桩拱体系）结构物治理滑坡研究及示范工程”（贵州省科技支撑计划项目，项目编号：黔科合 SY 字〔2015〕3058）（牵头单位，2018 年已结题，并通过贵州省科技厅验收）；“贵州地区风冷热泵结霜机理及除霜方法研究”（贵州省科技基金计划项目，项目编号：黔科合基础〔2016〕1408）（牵头单位）；“贵州地区冷却塔免费供冷技术研究及工程示范”（贵州省科技基金计划项目，项目编号：黔科合基础〔2016〕1082）（牵头单位）；“贵州山区高填土地基改良加固技术研究及示范”（贵州省科技支撑计划项目，项目编号：黔科合支撑〔2017〕2866）（牵头单位）；“BIM 技术在城市综合管线设计中的应用研究”（贵州省科技支撑计划项目，项目编号：黔科合 SY 字〔2012〕3069 号）（牵头单位）。

2018 年，贵州省建筑设计研究院积极组织申报省级科技支撑项目，有 1 个项目成功申报 2018 年度住建部科学技术计划项目，项目为“低影响开发雨水系统在改造坡地建筑项目中的研究”；有 6 个项目成功申报2019年度贵州省科技支撑项目，项目分别为“坡地建筑中散水沟作为低影响雨水开发系统弃流设施的研究”、“贵州山地斜坡承重阻滑桩承载机理与设计计算方法研究及示范”、“贵州山区石材在城市道路建设中的应用技术——以贵阳市人民大道建设为示范”、“基于云数据下的岩溶地区城市桥梁维护技术研究——以贵阳市冠州桥和三桥立交桥为示范”、“高大空间气流组织数值模拟和优化设计研究及工程示范”、“贵州地区城市道路旧沥青再生组合配方技术研究”。

申报项目不仅覆盖市政道路、建筑排水、岩土、暖通等多个专业，还与贵州大学、遵义师范学院等高等院校，贵阳市交通委员会、贵阳市市政工程管理处等部门进行多方合作开发，对于提高科研成果的工程化、产业化水平，促进贵州省高新技术产业发展具有重要意义。

（五）新技术、新工艺、新材料、新设备运用

2018年，贵州省建筑设计研究院继续推进“四新”技术的运用，根据业务方向、质量方针、质量目标和部门职责，结合国家政策方针和行业发展方向，从熟悉国家方针政策、拓展专业知识、发掘利用“四新”技术等方面开展了公司内外培训。截至2018年12月初，技术发展部组织了知识产权（专利）基础知识讲解、科研项目申报培训专题讲座、地下工程混凝土结构自防水技术、VR交流分享会、《建筑防烟排烟系统技术标准》技术应用交流会、干阑建筑内核及当今发展应用、一体化处理系统等7次新技术、新材料方面的内部培训，共358人参加。除采取内部培训外，公司还组织技术人员到外地考察学习，如市政水处理经验技术交流会、“2018复杂建筑表皮创新设计与实现”国际论坛、装配式建筑全装修技术与BIM融合发展交流大会、《建筑防烟排烟系统技术标准》（GB 51251－

2017）与建筑消防设计疑难问题高级解析培训班、2018 桥梁养护与加固技术专题培训班、2018 年全省司法鉴定业务提升培训班、2018 年西南 5 省区市第二次岩石力学与工程学术大会、“乡村振兴战略地方规划编制与农村产业融合发展”专题培训班、2018 年第二十一届全国暖通空调制冷学术年会等，涉及专业有规划、建筑、结构、设备（水、暖、电）、造价、勘察等，共计组织了 65 次外派，外派 295 人。

通过有计划的学习交流，贵州省建筑设计研究院将多项成熟的新技术应用于承接的设计任务中。包括：复杂、大空间地下空间结构、抗浮锚杆技术（应用项目：贵州省民族体育文化活动中心）；组合楼板技术、钢结构、钢筋桁架混凝土楼板技术（应用项目：贵州美术馆）；轻钢结构装配式复合板材一体化系统（应用项目：石阡县楼上景区建设项目周礼文化广场配套设施）；空间管桁架钢结构，最大跨度 71.4 米；空间管桁架钢结构，最大悬挑跨度 20 米（应用项目：贵阳中医学院花溪新校区建设项目二期体育馆）；钢结构技术［应用项目：平塘国家射电天文科普文化园建设项目—天文体验馆、FAST 游客服务中心；贵安新区克酬湖休闲配套设施工程（二期）——国际会议中心；华中师大一附中高新白云嘉禾学校建设项目——1#高中部礼堂］；综合管廊技术、装配式混凝土结构技术（应用项目：赤水市综合管廊一期工程）

另外，在国家大力推进 BIM 运用的环境下，贵州省建筑设计研究院将 BIM 技术运用纳入质量目标，经过 4 年的技术研究及 2017 年的实验性运用，2018 年 BIM 技术应用有了较大改善。2018 年，应用于规划阶段的项目有 2 个，应用于建筑方案设计阶段的项目有 12 个，应用于初步设计、施工图设计阶段的项目有 13 个，应用于建筑方案设计、施工图设计阶段的项目有 4 个，仅应用于施工图设计阶段的项目有 1 个。

（六）获得国家、省、市各类奖励（含精神和资金奖励、补贴或政策、税收优惠等）

2018 年度贵州省建筑设计研究院共有 2 个项目申报设计类奖项，40 个项目参评了 2018 年贵州省优秀工程勘察设计奖，其中 24 个项目获得奖项（一等奖 6 项、二等奖 7 项、三等奖 11 项）；4 个项目参评了 2017 ~2018 年度中国建筑设计奖，其中 2 个项目获得奖项（二等奖 1 项、三等奖 1 项）；28 个项目参评了 2018 年度全省优秀城乡规划设计奖（目前该奖项还在评选中）。

另有 15 个项目获得施工类奖项：有 2 个设计的项目和 1 个监理的项目获得 2017 年度贵州省黄果树杯优质工程，7 个监理的项目获得 2017 年度贵州省建筑安全文明施工样板工地，4 个监理的项目获得贵州省 2017 年建筑工程优质结构称号，1 个监理的项目获得贵阳市 2017 年建筑安全文明施工样板工地称号。

截至 2019 年初，贵州省建筑设计研究院已完成“申报省部级以上报优项目（含专业）超 30 项，获奖率超 50%”的目标。

2018 年，经市政府批准，贵阳市科学技术局对 205 家贵阳市 2017 年度上报 R&D 经费投入并经统计系统审核的规模以上企业、资质以上建筑业企业、重点服务业企业进行资助，并将资助名单予以公示。贵州省建筑设计研究院在本次获批资助名单中，获得企业 R&D 经费投入后补助资金资助 32 万元。

三 未来及展望

一是加大科技创新工作的宣传力度，做好科研项目的孵化培育工作，鼓励项目人员积极申报项目，并做好政策宣传、解读工作。加大对知识产权（专利）的宣传工作，鼓励申报，同时计划针对已有专利，研究制定相应的推广制度，推进已有专利的应用转化进程。二是拟定针对部门和项目负责人的科研优惠和扶持政策，确保科研良性发展。逐步出台技术发展项目的申报、审核、立项、过程管理、验收等一系列工作的实施办法，通过实践发现问题和总结经验，出台公司技术发展项目全过程管理办法，大力促进公司科研监管体系的健全和完善，为公司发展科技创新工作打下坚实基础。此外，还需继续加大科技投入，制定相应的资金配套体系。

B.9
茅台集团科技创新报告

周钥明*

一　企业基本情况

贵州茅台酒股份有限公司是由中国贵州茅台酒厂有限责任公司、贵州茅台酒厂技术开发公司、贵州省轻纺集体工业联社、深圳清华大学研究院、中国食品发酵工业研究所、北京糖业烟酒公司、江苏省糖烟酒总公司、上海捷强烟草糖酒（集团）有限公司等八家公司共同发起，并经过贵州省人民政府黔府函字〔1999〕291号文件批准设立的股份有限公司，注册资本为1.85亿元。

目前，贵州茅台酒股份有限公司茅台酒年生产量4万吨；43度、38度、33度茅台酒拓展了茅台酒家族低度酒的发展空间；茅台王子酒、茅台迎宾酒满足了中低档消费者的需求；15年、30年、50年、80年陈年茅台酒填补了我国极品酒、年份酒、陈年老窖的空白；在国内独创年代梯级式的产品开发模式。形成了低度、高中低档、极品三大系列200多个规格品种，全方位跻身市场，从而占据了白酒市场制高点，称雄于中国极品酒市场。

二　科技创新工作情况

2018年，茅台集团科技创新工作全面贯彻落实国家、省委省政

---

* 周钥明，贵州省社会科学院助理研究员，研究方向为中国近现代史基本问题。

府和省国资委相关政策和会议精神，严格按照公司的决策部署，在省委省政府和省国资委的高度关注和悉心指导下，集团上下勠力同心，坚持以“科研服务生产”为指导，取得良好业绩。

（一）科技投入情况

1. 企业投入总数及比重

茅台集团截至2018年11月，共开展科技创新项目26项，累计投入研发资金约1.2亿元，预计占主营业务比重为0.16%，与2017年同比减少，促进了研发工作的有序开展。

2. 获得奖励情况

2018年，茅台集团获中国酒业协会科技进步奖2项，申报中国酒业协会科技进步奖1项、贵州省专利奖1项（已通过初评），习酒公司荣获遵义市十佳重大科技成果完成单位。获政府扶持补贴132万元。

表1　部分科研成果获奖情况

项目名称	等级	授奖单位
白酒风味品质评价体系的建设及应用	科技进步一等奖	中国酒业协会
白酒食品安全检测能力建设及应用	科技进步二等奖	中国酒业协会

表2　部分政府扶持项目补贴情况

项目名称	扶持单位	补贴金额(元)
贵州省传统发酵食品工程技术研发	贵州省政府	70万
低醉酒度特色米酒的开发	贵州省政府	12万
习酒二维码防伪溯源系统升级	贵州省经信委	50万

3. 科技创新制度建设情况

2018年茅台集团根据子公司实际情况，逐步建立了习酒公司

《员工对外发表成果、作品及获得外单位奖项奖励办法（试行）》《人才激励管理办法》《三年评酒人才培养规划（2019～2021年）》等办法，有效调动了科研人员的积极性。续聘了股份公司十位首席、特级酿造师，聘任了34名一二级品酒师、2789名白酒酿造工、714名工程系列专业技术人员，用典型引领方向、榜样凝聚力量，积极引导鼓励员工立足本职岗位，增强岗位技能和操作执行力。大力弘扬“工匠文化”，树立“匠人工匠”典范，真正地做到“用好匠人、培养传人”。

4. 科技创新平台建设情况

2018年，茅台集团积极与中国科学院、中国检验检疫科学院、浙江大学、江南大学、河南省农科院、河南农业大学等团队合作，构建形成“中心+三站”的研发平台。其中，“贵州省传统发酵食品工程技术研究中心”获得了省科技厅立项，博士后工作站的两位博士后顺利出站，与江南大学合作构建的专家工作站及院士工作站完成挂牌。

（二）信息化建设情况

1. 工业化和信息化深度融合，推进技术创新

股份公司利用较为先进的监测、控制技术及设备，对茅台酒生产过程进行监测、分析，从中提取关键工艺步骤及关键控制点，为茅台酒生产机械化、智能化改造做基础准备；探索利用激光、遥感等新技术对茅台酒包装生产、原料种植过程进行监测，为解决包装渗漏、原料基地管理提供技术支撑。

习酒公司完成包装车间流水线托盘标的改造升级工作，实现了自动分拣、分类堆箱的功能；建设了习酒厂区智能监控系统，对酒库、包装流水线实现智能监控；开展燃煤锅炉改造成燃气锅炉工程，并于2018年5月通过环境管理体系认证。

技术开发公司全面推进 OA 系统、财务 NC 系统等的建设及使用，逐渐迈进无纸化办公，提升了整体办公效率；积极参与“中国产品质量追溯系统网络平台”建设，在产品防伪、质量追溯、产品流向等方面实行全信息数据化管理。

2. 大数据与实体经济融合，促进数字化发展

2018 年，集团公司积极利用信息系统及大数据技术，提高生产管理效率，推进各业务流程管理优化，为数字化转型奠定了基础。一是有效利用协同办公、数字党建、ERP 系统、全面预算系统等平台数据，发现公司业务流程各环节存在的问题，为公司管理流程优化、集团管控提供基础数据作为切入点和落脚点。二是上线原料供应链系统，提高工作效率，增强了数据的真实性、实时性，实现原料供应链可追溯；通过流程透明化、管理规范化与数据分析应用，实现了对有机高粱质量进行预判、风险评估、价格体系规划，增强了公司对有机高粱供应链的管控能力。三是建立大数据分析平台，打通整合各个生产环节的数据资源，已实现习酒公司各业务系统数据的 BI 分析；监控优化葡萄酒公司流水线作业，强化故障预测与健康管理，优化产品质量，降低能源消耗。四是引导推进智慧营销，促进云商平台与传统渠道融合升级。采集、整合、共享和利用市场及消费者数据资源，促进产销对接，提升产品销售的精准度；建立习酒生态云体验店系统，实现电商全渠道营销模式。

（三）创新工作推进情况

2018 年，集团公司继续依托国家级企业技术中心、省级企业技术中心和国家白酒检测实验室等核心研究平台开展创新工作，在多个领域取得有效进展。

在创新成果应用方面。应用白酒风味品质评价体系，持续开展茅台酒及基酒的风味品质评价，为生产优质稳定的产品提供数据支撑；

全面开展食品安全评估工作，实时消除风险，有效实现了集团公司质量的管控；实时监测茅台水源地水体风险，提高了水质安全的预警能力；借助化学计量学分析技术构建酒体辅助评价系统，并将其应用于习酒公司产品真伪鉴定，有效地维护了产品价格稳定和质量信誉；大力推进酿酒环境微生物研究，有效地确保了基酒产量和质量。

在重点项目建设方面。2018 年集团承担省部级以上项目 3 个："十三五"重点研发计划开展了功能菌株筛选及特性研究工作，为茅台酿造机理解析及产品改良奠定基础，申请发明专利 1 项，发表论文 1 篇；《酱香型白酒酿造机械化关键技术研究及产业化示范》课题已完成堆积、发酵过程微生态及关键微生物等研究，并于 2018 年 10 月向贵州省科技厅提交项目中期报告；《柔和酱香型白酒制酒关键技术研究及应用示范》课题发表论文 1 篇，正在准备结题工作。

在新技术运用方面。集团公司在创新发展中积极引进新技术、新设备等，先后开展了碳纤维材料在传统酿造中用具改进的研究与应用、半自动润粮定量投水器的改进、冷却水循环利用、包装车间下拢摆酒设备等工艺创新工作，对非关键工艺进行技术改造，并应用于生产实际中，取得了良好的成效。2018 年 10 月下旬技术开发公司年产 1 万吨柔和酱香型白酒生产基地正式投产。葡萄酒公司积极引进、吸收适用的先进技术和先进标准，成为行业内首批进行"双采标准"生产的企业。

在标准管理方面。不断充实酒类法规标准数据，新识别国际国内标准 255 个，将酒精饮料及其上下游产业的相关标准法规数据库扩充至 996 份；积极承担全国白酒标准化技术委员会酱香型白酒分技术委员会和贵州省白酒标准化技术委员会秘书处工作，对《限制商品过度包装要求　食品和化妆品》国家标准（送审稿）、国家标准《酱香型白酒》外文版提出修改意见；完成 10 余项技术标准的制修订及备案工作。

在创新成果管理方面。进一步规范专利管理流程，对公司知识产权进行有效保护，2018 年共申请发明专利 16 项；发表科技论文 14 篇，注册软件著作权 9 项。

表 3　部分专利情况一览

专利名称	专利类型
一种筛选混菌发酵酒中产正丙醇微生物的方法	发明专利
一种酱香型酒醅中酵母菌的分离方法	发明专利
一种可用于高通量筛选乳酸菌改良培养基的制备方法	发明专利
一种鉴别堆积酒醅是否产生馊味的方法	发明专利
一种基于全基因组信息学分析定向筛选产角鲨烯菌株的方法	发明专利
一种定量检测库德里阿兹威氏毕赤酵母的选择性培养基及其应用	发明专利
一种酱香型白酒窖面糟醅及窖面酒的制作方法	发明专利
一种蓝莓发酵酒的酿造方法	发明专利

（四）创客空间创新情况

53 度创客空间由茅台集团团委作为主体运营机构，致力于推动公司科技力量和创新创优文化的发展，整合人才和资源优势，鼓励发明创造和技术创新，为广大创新创优者提供良好的工作空间、网络空间、社交空间和资源共享空间。53 度创客空间自建立以来，在创新创优方面做出了显著的成绩，截至目前，在人才培养方面，53 度创客空间设立了创新创优培训、技术交流、营销策划、成果展示等平台，为创客构建开放式工作环境，以素质拓展、专业化知识等培训为契机，为解决青年难题打开“高管直通车”通道，让青年与企业高管面对面交流；在技术支撑方面，让创客们实现“零门槛　零成本”的创优创新，目前已扶持 4 个青年团队创新实践项目，帮助创客团队突破瓶颈，解决困难，已为企业生产经营做出初显成效的贡献；在社会贡献方面，吸引“蓝梦天使”单笔爱心基金 150 万元，为省内 10 多所贫困小学建立图书室，同时开展“茅二代”公益拍卖会，获得拍卖基金 45.3 万元，全部用于道真县贫困校区建立“留守儿童活动中心”、图书馆、购买饮水净化器、被褥衣物、书籍等；联合中国青基会，酱香酒公司及云商公司开展茅台学子就业创业营销活动，目前已开展 3 期，自主参与总人数约 500 人；在新媒体宣传方面，建立“53 度创客空间”微信公众号，及时发布国家、省内、企业等先进经验信息，为创客人员提供畅通的信息通道，促进信息交流和资源共享，充分发挥桥梁作用，做好线上线下服务。

三　未来及展望

技术创新工作围绕公司整体发展战略和创新战略目标，持续开拓创新，不断加深对茅台酒全生命周期的研究，拓展其他酒类研究，形成上下游一体化的创新发展体系，提升创新活动水平，为行业整体创新工作做出积极示范和有效推动。一是推进创新平台建设，提升创新能力。继续与国内外相关领域专家和机构建立战略合作伙伴关系，围绕“点、线、面”深入拓展研究领域，以专家工作站为基础，同时推进工程中心、创新实验室、保健酒业工程中心三个平台的建设，形成一个多维度、多广度、涵盖集团全产业链及相关延伸领域的研究团队，不断提升在行业的影响力。二是加强茅台酒全生命周期研究，拓展创新领域。重点围绕茅台酒全生命周期，着力从理论方面解析生产现象；启动茅台酒原料复壮、种植和生产技术研究，推进产业链食品安全风险评估与监控工作；开展机动车快速发展对茅台酒原产地生态负荷影响的研究、茅台酒生产区域生态环境质量评估及其资源环境承载力的研究，探索环境变化对茅台酒生产的潜在影响。三是加强创新成果转化，提升产业竞争力。进一步完善和提升技术开发公司“柔和酱香”产品的核心技术，将柔和酱香型白酒打造成白酒行业新产品开发的典范。开展针对葡萄酒的控氧管理、微氧技术与橡木制品的结合、防止渗漏等研究，提高葡萄酒的口感及色泽，达到延长瓶装葡萄酒货架期的目的。加强蓝莓果渣综合开发利用的研究，对功能性成分的提取工艺进行研究，开发蓝莓果渣系列产品。四是深入推进两化融合，着力打造智慧茅台。继续加大信息系统建设力度，进一步提升信息系统对公司各项业务流程的覆盖率，为做好公司管理、流程优化、集团管控提供有效手段，进一步推进公司数字化转型工作。通过公司大数据资源池及分析共享平台项目，继续探索利用大数据技术，通过为集团公司及各业务部门提供数据参考与决策支撑，进一步推进公司技术创新、管理创新，切实有效地推进公司智能化、绿色化发展。

B.10 七冶建设集团有限责任公司科技创新报告

周钥明*

一 企业基本概况

七冶建设集团有限责任公司是贵州省首家施工双特、设计双甲资质的“双特双甲”企业集团，前身为中国有色金属工业第七冶金建设公司，始建于1958年，先后隶属于国家冶金部、中国有色金属工业总公司、国家有色金属管理局。2000年7月从中央划归贵州省管理，2008年实施企业改制重组，现为贵州省国有资产监督管理委员会监管的国有独资企业，为全国500家最大经营规模建筑施工企业之一，2017中国最具竞争力200强第110位，贵州省百强企业第13位。企业注册资金15亿元，资产总额近180亿元，年经营规模达200亿元以上。

公司是具有极强投融建运管综合实力的一体化企业，主要经营国内外建筑安装工程项目投融资、建设、管理、运营和建设项目的总承包、国际劳务合作、国内房地产开发、工程勘察、工程设计、工程检验、检测与计量、工程咨询与技术服务、物资材料供应、仓储物流等业务。拥有建筑工程施工总承包特级，冶炼工程施工总承包特级，建筑行业设计甲级，冶金行业设计甲级资质；机电安装工程、市政公用

---

* 周钥明，贵州省社会科学院助理研究员，研究方向为中国近现代史基本问题。

工程、石油化工工程施工总承包壹级资质；工程勘察乙级、钢结构工程、送变电工程、公路工程、装饰装修、环保工程、桥梁工程等多个专业总承包二级、专业承包一级资质以及冶金、有色金属工程的设备出口、对外经济合作项目的施工许可。公司已通过 ISO 体系认证，公司拥有专利 30 余项，国家级工法 20 余项，主编国家标准 3 项，参编国家标准多项。

公司现有员工 5800 人，其中各类专业技术人员 2580 人。下设 20 余个分公司、8 个全资子公司、10 个控股子公司和 1 个省级技术中心，是一家集勘察、设计、施工、压力容器制造、检验试验、房地产开发、仓储物流、物资供应为一体的大型企业集团，年营业额达 200 亿元以上。

公司在半个多世纪的发展历程中，积累了丰富的施工管理经验，培育了一支能征善战、敢打硬战的高素质工程建设队伍，在国内先后承建了广西、云南、福建、湖南、湖北、河南、山东、山西、吉林、内蒙古、青海、新疆、甘肃、宁夏、四川、广东、上海、浙江、重庆、海南、西藏、贵州等 20 多个省市自治区的多项建设工程，为国家工业建设特别是铝工业建设做出了突出贡献。公司还积极参与国际市场竞争，积极参与“一带一路”建设，在国外先后承建了越南、缅甸、阿尔巴尼亚、巴基斯坦、伊拉克、科威特、伊朗、土耳其、约旦、沙特、阿塞拜疆、哈萨克斯坦、印度、埃及、马来西亚、刚果（金）等国家重点工程项目的建设，为世界经济发展做出了积极贡献。

公司曾先后荣获中国建筑工程鲁班奖、中国土木工程詹天佑奖、国家优质工程奖、省优工程奖、部优工程奖、省级科学技术进步二等奖、全国优秀施工企业奖、全国用户满意施工企业奖、全国用户满意工程奖，AAA 级企业信用等级证书等。公司董事长还荣获全国优秀企业家称号，获得过五一劳动奖章。

二 2018年度科技创新工作情况

2018 年是七冶建设集团公司实施“十三五”战略规划第三年，公司紧紧围绕三届三次职代会确定的经营目标，围绕深入贯彻习近平总书记在全国国有企业党的建设工作会议上的重要讲话精神，以十九大精神为指引，认真落实省国资委的工作指示及工作部署，在集团公司党委的带领下，真抓实干，克服资金不足、人才队伍短缺等的多重压力，努力开拓市场，坚持以公司“十三五”发展战略规划为导向，在全体员工的共同努力下，科技创新工作取得了较好的成效。

（一）制定和实施科技创新激励机制，激励和吸引科技人才和大众创业创新情况

七冶建设集团公司两级公司总工程师统一领导专业技术人员管理工作，由集团公司人力资源部和总工办共同负责科技创新人才的建设与发展并制定相应的政策和管理制度；七冶建设集团公司设立安装（含筑炉）专业系列中级职称评审委员会，负责相应中级专业技术资格和高技能人才资格的评审和推荐工作。子、分公司成立相应的初级评委会，负责相应初级专业技术资格的评审和推荐工作，形成系统保证和科技创新人才的发现、发展和成才的路径；七冶建设集团公司拥有“贵州省第 94 技能鉴定中心”，可以对满足集团公司要求的各级技术工人进行技能鉴定，拥有技师和高级技师的认定资格；集团公司申请并获得贵州省“专业工种岗位”的培训资格，或在集团公司设立培训机构，完成各种所需专业工种人员的岗位培训；通过安装公司中心试验室、容器公司技术中心、建筑试验检测中心及勘察设计研究院成立并获得省级企业技术中心，关键及重大的科技活动依托技术中心实施和完成；为充分调动各类专业技术人员的积极性和创造性，鼓

励专业技术人员立足一线，更好地满足公司生产和发展的需要，制定《七冶专业技术人员管理办法》、《七冶首席专家管理办法》。

两级公司人事部门和技术管理部门负责组织对专业技术人员的引进、发展和考核工作，七冶建设集团公司对参加科技创新工作并获得奖励的有功人员，分别针对工法、专利、标准、科技进步奖、质量控制、发表的论文等，根据不同的级别分别给予经济奖励。

（二）年度研发费用投入总额、预计占企业销售收入总额比例、与去年同比增或减情况

2018 年，七冶建设集团公司法务、经济安全、建造师等各种类型的培训费用 119 万元，研发人员工资支出 1996 万元，新增固定资产 1445 万元。组织生产及研发活动的电解铝、化工及工业类和研发产品相关项目的完成产值为 338400 万元，其中用于研发活动的机械设备使用与折旧和材料消耗按 5% ~7% 计算为 16000 万元，总体研发费用支出约为 180000 万元，预计占企业销售收入总额（预计完成产值 155 亿）的比例为 1.2%，按照去年同期保持持平并有所减少状态，其原因是今年下半年，总体经济下行，工业冶炼类项目减少所造成。

（三）实施科技成果转化，产生新的经济增长点情况

2018 年开始，随着全国经济形势的下行，企业的原有主要生产经营活动电解铝产业市场逐渐萎缩，现有的电解铝市场又被中铝、中色和五矿集团作为集团内部企业的消化，造成公司的铝行业市场份额极大地降低，在此情况下，七冶建设集团公司迅速调整对策，一是加大对国际市场的开发力度，占领国际市场的非铝工业项目和民用市政项目，同时加大对国内市场中其他工业领域如水泥、市政、桥梁、钢构、化工市场领域的开发力度，科技创新工作也随着实施对应的成果

转化，提高企业在相关行业的竞争力。如，在水泥生产领域开发的“水泥回转窑砌筑施工工法”应用技术；在工业、市政领域开发的“钢结构箱型人行天桥施工工法”应用技术；在房屋建筑领域开发的“一种基于BIM工程管理系统技术”专利技术；在化工生产领域开发的“一种大小管固定焊接装置”、“一种中深孔爆破装药装置”、“一种地下采矿工程用安全型电缆敷设架”等专利技术；在铜冶炼生产领域开发的“大型流态化沸腾焙烧炉球冠形炉顶内衬砌筑技术”、“环保型铜精炼窑炉安装成套技术”等。在上述领域，七冶建设集团公司承接了近50亿的生产任务，成为企业新的经济增长点，顺利完成主营业务下行的软着陆，为企业的转型改造和升级提供了经济基础、技术基础和时间过渡。

（四）加快工业化和信息化深度融合、实施数字化、网络化、智能化、绿色化发展情况

七冶建设集团公司重新启动综合项目信息管理系统，解决原有的系统在管理中的不适用内容和模块，加快改造其满足企业管理要求的实用技术；2018年底，七冶建设集团召开了关于推进BIM技术和装配式建筑及“智慧工地”建设的会议，召集了房开公司、设计公司及土建及安装等施工公司的各单位主要领导，研商企业加大工业化、信息化、数字化、网络化、智能化、绿色化方面的发展问题及发展步骤。明确了除已在多个项目部实施对应的BIM信息管理试点项目、已确定承接的两个恒大集团的房开项目列为“智慧工地”实施项目外，将增加房开公司和设计公司在装配式及BIM项目的合作力度，以促进装配式建筑和BIM技术应用的进一步推广。同时集团公司正在与贵钢集团筹备一个装配化构件生产基地，使装配化建筑从开发、设计、使用、生产部件等各环节，形成系列技术应用的全产业。

（五）发挥创新平台作用，对关键核心技术进行攻关或技术升级改造，推动传统制造业由粗放型制造向集约型制造转型，提升产业竞争力情况

七冶是铝电解行业的排头兵，一直处于领先地位，不仅生产的产品质量、进度为全国同行业中排名第一，更是其拥有其他企业同行所没有的先进的自有技术和专利技术，公司始终保持对电解铝行业的关注，并不断地在核心关键技术中加大研发投入，提升和保持产业的竞争力，依托企业技术中心各级技术人员在现场生产科技创新活动中的实践，对企业在铝行业建设中的核心关键技术不断地进行攻关和升级改造，取得了较好的成果。

“氧化铝沸腾焙烧炉内衬砌筑施工技术”、“220/110kV 数字变电站变压器保护装置调试技术”、“阳极母线整体加工安装施工技术”、“一种铝槽罩焊接工装应用技术” 的开发，有针对性地解决了生产过程中出现的效能问题，在提升质量的同时，进一步提升了生产效率，向精细化生产迈进了一大步。应用“一种基于 BIM 工程管理系统技术”，在电解槽槽体的下料、加工、焊接、运输、安装及调试的过程中，实现了建模，通过三维技术，全程实施生产管理的控制，实现了材料、进度和质量的全程监控，极大地推动制造向集约化、精细、精准化的转型，有力地提高了企业在同行业中的竞争力。

（六）大数据与实体经济融合，推进技术创新、商业模式创新和管理创新

七冶建设集团公司根据企业管理向精细化、智能化、信息化等方面的发展，积极推进管理创新，对项目管理及分子公司管理过程中产生的大数据，根据需要通过财务系统建立企业级奖金池，统一管理项目奖金往来，通过建立集采系统，深入项目分包队伍

和材料采购等方面的管理层面，通过人力资源系统的建立，分析和掌握各层次的专业人才的实时动态信息，集团公司可以随时进行统一调配。项目管理始终是七冶建设集团公司的重中之重，加强项目成本控制，并使专业人才在项目上得到充分的锻炼，是管理的重点。

财务系统2013年投入使用用友厂家的NC系统，公司启用系统模块主要有总账系统、固定资产系统、资金管理系统、营改增系统、会计报表五大主要基础模块。未来进一步推广NC系统，力争实现公司所有项目部及子分公司全覆盖，实现核算标准统一化。预备通过实施影像扫描储存推进公司营改增销项发票系统、集中报账系统、财务工程等档案管理系统的使用及为未来财务共享中心的建立提供基础。

OA办公系统是广联达公司研发，于2013年投入使用。系统覆盖了建设公司机关和直属项目部，以及9家全资子公司、10家控股公司、27家分公司在内的整个集团组织机构，包含注册使用2400余人，系统近2年总计完成业务流程3500余项，完成和集采了系统的单点登录，短信通知对接，实现移动端审批办理流程业务。下一步工作主要是细化流程，丰富软件的管理审批项目。

集采系统是今年上线的软件平台，自2017年以来，七冶建设集团公司成本管控中心先后对8个全资子公司、8个区域分公司、5个控股公司、3个直属项目进行集采平台培训工作，都取得了较好的成果，2018年完成了集团公司交办的18亿元集采采购指标。2019年的主要任务是进一步扩大集采的范围和深度。

人力资源系统采用宏景e－HR人力资源管理软件，软件公司目前已进场完成集团公司各单位、部门、岗位等相关数据的采集、设置，目前处于调试初期，测试的基本业务有：新人员入职、员工转正、员工调动、减员登记、信息变更、干部任免。

（七）新技术、新工艺、新材料、新设备运用情况

对照住建部发布的《建筑业10项新技术（2017版）》，七冶建设集团公司所属建设项目中包括了新技术中的8大项近30小项的“四新”技术；主要内容如下：2.2 高强高性能混凝土技术，2.5 混凝土裂缝控制技术，2.7 高强钢筋应用技术，2.7.1 热轧高强钢筋应用技术，2.8 高强钢筋直螺纹连接技术，2.9 钢筋焊接网应用技术，2.10 预应力技术；3. 模板脚手架技术，3.1 销键型脚手架及支撑架，3.2 集成附着式升降脚手架技术，3.8 清水混凝土模板技术，3.9 预制节段箱梁模板技术；5.6 钢结构滑移、顶（提）升施工技术，5.7 钢结构防腐防火技术，5.8 钢与混凝土组合结构应用技术。6.1 基于 BIM 的管线综合技术，6.2 导线连接器应用技术，6.6 薄壁金属管道新型连接安装施工技术，6.8 金属风管预制安装施工技术，6.8.1 金属矩形风管薄钢板法兰连接技术；7.4 施工扬尘控制技术，7.5 施工噪声控制技术，7.6 绿色施工在线监测评价技术，7.7 工具式定型化临时设施技术，7.10 混凝土楼地面一次成型技术用 ø150mm 钢管压滚压平提浆；8.9 高性能门窗技术，8.9.1 高性能保温门窗；9.6 深基坑施工监测技术；10.1 基于 BIM 的现场施工管理信息技术，10.2 基于大数据的项目成本分析与控制信息技术，10.4 基于互联网的项目多方协同管理技术，集团公司的 OA 系统办公及传输，10.5 基于移动互联网的项目动态管理信息技术，有 BIM 技术的应用，10.7 基于物联网的劳务管理信息技术，主要有项目部劳务人员实名制、门禁管理。“四新”技术的应用，极大提高了生产效率，同时保证质量、确保了安全。

（八）获得的各项奖励

七冶建设集团公司共获得省部级工法：大型铜套露天冷装施工工法、镶嵌预制板式挡土墙施工工法、中深孔切割天井微差爆破施

工工法、220/110 千伏数字变电站变压器保护装置调试工法、氧化铝沸腾焙烧炉内衬砌筑施工工法。获省部级优秀 QC 小组奖：七冶安装工程有限责任公司——提高 110 千伏龙钱线路工程附件安装一次合格率；七冶建设集团有限责任公司——提高超大型球磨机一次性组装合格率；七冶建设集团有限责任公司——提高电解槽槽壳大装效率；七冶炉窑建筑工程有限责任公司——提高电解槽浇注混凝土的质量；七冶压力容器制造有限责任公司——工字型板梁制作质量控制；七冶压力容器制造有限责任公司——确保挪威海德鲁阳极母线加工质量；七冶压力容器制造有限责任公司提高铝母线焊接质量、降低电解槽能源消耗。

部级优质工程：泸州市茜草片区工矿棚户区安置房改造项目七区 8 号楼；泸州市茜草片区工矿棚户区安置房改造项目五区 2 号楼；泸州市茜草片区工矿棚户区安置房改造项目六区 5 号楼；泸州市茜草片区工矿棚户区安置房改造项目四区 3 号楼；泸州市茜草片区工矿棚户区安置房改造项目一区 3 号楼；泸州市茜草片区工矿棚户区安置房改造项目二区 7 号楼；中铝广西分公司大型循环流化床煤气炉技改工程。

专利方面：简易工程爆破用钻孔装置；地下采矿工程用充填注浆管铺设架；地下采矿工程用充填注浆配比方法；便于使用的爆破辅助装置。

科技进步奖：申报《环保型铜精炼摇炉安装成套技术研究与应用》项目获得省级科学技术进步奖二等奖（2017－C－E－155）；大型流态化沸腾焙烧炉球冠形炉顶内衬砌筑技术研究与应用部级科学技术进步奖三等奖（中色协科字〔2017〕213－2017151－D01）。

企业荣誉奖项：贵州省百强企业；贵州省优秀施工企业；全国优秀施工企业。

其他：贵州省文明样板工地 4 项；贵州省优质结构工程奖 2 项。

三 未来及展望

继续完善企业技术管理队伍建设，面向生产一线，收集技术信息资料，形成企业自有技术，增强企业竞争实力。不断提高技术服务水平和新技术的创新应用水平，加大对设计勘察业务的扶持力度，促进其健康发展。加大 BIM 结构体系、装配体系等技术研究力度，确保跟上新型建筑领域的发展步伐。加强生产过程和科技成果之间的纵向联系，积极开展技术创新和“四新”技术应用推广，形成全生产过程的创新管理。积极组织申报发明专利和实用新型专利，充分形成企业自有技术的竞争力，保持企业铝建行业的品牌优势。继续做好技师评定、职称评审及注册证书、岗位证书的取证年审继续教育等工作，为公司做好合格人力资源储备。大力推进 BIM 和智慧工地的试点项目 1~3 个，以促进先进技术的掌握、应用与发展。

B.11
瓮福（集团）有限责任公司科技创新报告

周钥明*

一　企业基本概况

瓮福集团是由核心企业瓮福（集团）有限责任公司，全资和控股子公司贵州省瓮福磷化工进出口有限责任公司、贵州云福化工有限责任公司、贵州省瓮福黄磷有限公司、贵州瓮福蓝天氟化工股份有限公司、贵州宏福剑峰股份有限公司、甘肃瓮福化工有限责任公司、上海克硫环保科技股份有限公司为主体，以及参股公司、其他成员企业共同组成的企业法人联合体。瓮福（集团）有限责任公司是经国务院批准的政策性债转股大型企业——贵州宏福实业开发有限总公司改制组建，是集磷矿采选、磷复肥、磷煤化工、氟碘化工生产、科研、贸易为一体的国有大型磷化工企业。

二　科技创新工作情况

2018 年，瓮福集团生产经营持续向好，各项主要生产经营指标将确保达到或超过目标任务，充分体现了集团公司转型升级及高质量

* 周钥明，贵州省社会科学院助理研究员，研究方向为中国近现代史基本问题。

发展取得的阶段性成果，这既是集团公司全体员工努力的结果，也是集团公司持续重视科技创新助推发展的结果。

（一）科技投入情况

截至2018年11月，瓮福集团在产品结构调整、节能、安全、环保等方面实施的研发、技改、技措等科技投入4.0亿余元，项目37项，预计全年投入5.0亿余元。

（二）员工创新激励

2018年公司对“a层矿选矿工艺整改”等100项合理化建议（金点子）予以表彰。其中一等奖10项，二等奖20项，三等奖30项，优秀奖奖40项。

（三）专利申请情况

截至2018年12月7日，共完成专利申请（受理数）61件，其中：发明19件，实用新型42件；截至2018年12月7日，共授权专利93件，其中：发明26件，实用新型67件。

（四）实施科技成果转化，产生新的经济增长点情况

抛光专用磷酸调整剂技术成果转化。为了抢占湿法净化磷酸在铝合金氧化抛光行业的市场占有率，自主研发抛光专用磷酸调整剂，对产品的生产工艺、产品质量、市场应用等展开大量深入工作，并取得了显著成效，全年试制生产小试样品118吨；通过小试研究成功，开展中试可行性研究，并通过中试方案设计及施工建设方案，项目预计总投资1500万元，顺利实现产品的工业化。

功能性磷铵产业化试验研究技术成果转化。为了顺应我国现代农业发展趋势，开发符合市场需求的新型肥料，自主研发形成固体聚磷

酸铵制备关键技术，并实施该成果转化，项目预计总投资1000万元，在2018年已完成1.5万t/a产业化试验研究装置的基本建设，顺利通过72小时试车，该新型高端肥料产品具有便于运输、全水溶、养分含量高、缓释高效等优点，同时该技术实现技术转让签订80万元合同。

DMPP硝化抑制剂制备新技术成果转化。为了支持国家“减肥增效”的农业政策，自主研发形成DMPP硝化抑制剂制备新技术，开发增效肥料产品，在减肥20%情况下达到或超过原施肥效果；目前正实施该技术成果转化，工业生产装置建设过程中，项目预计总投资1000万元。

（五）承担国家或省重大科技支撑项目实施情况

贵州省科技支撑项目：真空降膜蒸发浓缩氟硅酸的关键技术成果转化。

为了支持磷矿伴生氟资源制备无水氟化氢装置的技术改进，提高装置产能和经济效益，开展技术成果转化，完成了项目中试装置的建设、水联动试车及中试实验研究；该项目将浓度17%的氟硅酸浓缩到26%～30%，实现了现场装置余热的回收利用、减少了氟化氢装置稀硫酸的副产量和蒸发水的回收利用。目前该套装置已经连续稳定运行，达到了设计要求。

（六）技术创新平台运行情况

1. 国家级企业技术中心

完成了重点企业研发及相关情况快报表（L111）填写、上报工作。瓮福集团国家技术中心2017年度报表（L107－1、L107－2）的填写、上报工作。瓮福集团国家技术中心在最新一轮的评价工作中位列第557（全国1331家国家技术中心）。

2. 中低品位磷矿及其共伴生资源高效利用国家重点实验室

4 月份，集团公司完成了 2017 年度中低品位磷矿及其共伴生资源高效利用国家重点实验室工作总结和网络填报工作；5 月 19 日，组织实验室相关人员，参加了安顺科技活动周；6 月 29 日，完成了重点实验室 2017 年度工作报告编写工作；7 月 19 日，参加了中央纪委国家监委组织的，围绕学习贯彻党的十九大精神及落实十九大科技创新重大决策部署情况调研工作；8 月 30 日，参与策划了由重点实验室主办的“第二届氟化工领域国家重点实验室（工程技术研究中心）工作交流会”。搭建平台，与会的 13 名氟化工技术专家、省科技厅领导、黔南州科技战线的领导及同仁们，以战略的思维、前瞻的视角、世界的眼光，分别从不同的研究方向和角度，话创新，谈合作，谋发展，同时表示愿为更加注重创新、协调、绿色、开放、共享的瓮福贡献智慧和力量，让“创新链”和“产业链”链链相连、高质延伸。11 月 14 日，集团公司完成了科技部对于第三批企业国家重点实验室的运行调查工作；12 月 6 日，集团公司正在组织实施开展国家科技基础条件资源调查工作（重点实验室），此项工作将在 12 月 10 日之前完成。

2018 年度，集团公司从事了实验室开放课题的资金管理工作；进行了实验室形象工程大板展示工作；与瓮福蓝天签订合作协议，成立了重点实验室氟硅综合利用蓝天分中心；与瓮福紫金签订合作协议，成立了重点实验室磷精细化工紫金分中心。

（七）贵州省磷化工副产物绿色化利用创新中心

为贯彻落实《中国制造 2025》行动计划，实施工业领域创新驱动战略，加快建设以创新中心为核心的制造业新型创新载体，大力推动工业转型升级和提质增效。贵州省工信厅十分重视此项工作，希望瓮福集团充分履行社会责任，体现国企担当，利用制造业创新中心建设契机，整合创新链、打通产业链，加大磷石膏综合利用力度，为省委、省政府“以渣定产”的发展目标做出贡献。

在此背景下，2017 年底，瓮福牵头成立的“贵州省磷化工副产物绿色化利用创新中心”获批建设，2018 年 1 月，完成中心建设方案上报；8 月，参加了工信部科技司组织的制造业创新中心建设工作培训会，并参观学习了“国家增材制造创新中心”；11 月，参加了工信厅组织的深圳考察活动，参观学习了“国家印刷及柔性显示创新中心”、“深圳市太赫兹制造业创新中心”。

贵州省磷化工副产物绿色化利用创新中心，与发达地区以及国家级创新中心相比在组织架构与运行管理上还存在较大的差距，但瓮福集团在磷石膏领域的创新能力与行业影响力方面有自己的特点与优势。创新中心在三年建设期内，如达到验收要求，将一次性给予 1000 万元的后补助，申报国家级中心成功后，将给予不低于 10000 万元的资金补助。

（八）高新技术企业

3 月，瓮福集团高新技术企业完成了 2017 年度报表的（GQ001 - 005）填写、上报工作。6 月，集团公司开始了高新技术企业资质重新认定工作，11 月 15 日，集团公司通过了贵州省第二批认定，进入公示阶段。这是集团公司自 2009 年首次认定以后，连续第三次通过评审、认定。与以往不同的是，此次认定技术领域由“先进技术改造传统产业”变更为“资源与环境技术”，体现了近三年来，企业在清洁生产与资源高效利用方面取得的成绩。

（九）新技术、新工艺、新材料、新设备运行情况

湿法磷酸脱镁关键技术的工业应用。为了促进我国湿法净化磷酸产业发展，自主研发形成湿法磷酸脱镁关键技术，并于 2017 年建立

工业装置，实现了技术成果的工业应用，该技术为企业带来近千万元的经济效益，该技术有助于解决湿法净化磷酸装置依附磷肥装置的行业难题。

功能性配位新材料的应用。为了提高湿法净化磷酸产品品质，改进磷酸脱砷工艺技术，引入金之键公司功能性配位新材料，通过具有极强抓捕能力的配位基团将磷酸溶液中的砷稳定固载在材料的孔状结构中，达到高效环保去除砷的目的，保障了产品品质，同时也部分解决了环保压力；目前小试取得理想效果，正在中试准备中。

（十）获得国家、省、市奖励情况

2018 年 12 月 3 日，瓮福集团《湿法磷酸净化微化工成套技术及其工业应用》获中国石油和化工协会科技进步一等奖。

（十一）集团内部研发开展情况

2018 年度集团本部开展的研发课题有 21 项。

三 未来及展望

瓮福集团科技创新工作除继续在化肥产品差异化、功能化、增加化工产品占比、节能降耗、环保治理、产品质量提升等方面持续科技投入外，重点将在磷石膏消纳利用上加强创新，增加科技投入，践行省委、省政府要求的以渣定产政策，使瓮福集团彻底扫除发展前行的主要障碍，同时，要在新产品开发中加强市场前期调研和技术服务。

加大科技创新重点投入项目工作：磷石膏分解制硫酸副产水泥项目；流化床煅烧硅渣脱氟及制备硅酸钠、硅肥的实验研究；脱氟渣制备氢氟酸产业化试验研究；含氟二氧化硅应用研究项目。继续推进知识产权工作，并注重专利申报从数量向高质量方面的转变。

B.12
中国振华电子集团有限公司科技创新报告

周钥明*

一 企业基本概况

中国振华（集团）科技股份有限公司（简称中国振华）成立于1997年6月，同年在深圳证券交易所上市，股票名称：振华科技，股票代码：000733。振华科技是在始建于20世纪60年代中期国家"三线"建设的军工电子基地——零八三基地旗下优势企业不断发展而来的，公司实际控制人是世界500强企业——中国电子信息产业集团有限公司。截至2017年末，振华科技总资产89.97亿元，总股本46934万股，净资产42.97亿元。

公司现有全资、控股企业19家，主要分布于贵州及珠三角、长三角等地。现有在岗职工8124人，专业技术人员2863人，技能人才5261人，硕士196人，博士17人。主要从事电子信息产品的研制生产和销售，产品主要有：以片式钽电容器、片式电阻器、片式电感器、片式二三极管、厚膜混合集成电路、TO-5微型密封电磁继电器为代表的高新电子产品；以移动通信终端产品为代表的专用整机；以锂离子电池和高压真空开关管为代表的关键元器件。

公司强化企业在技术创新中的主体地位，建立以企业为主体、市

* 周钥明，贵州省社会科学院助理研究员，研究方向为中国近现代史基本问题。

场为导向、产学研用相结合的技术创新体系，积极与国内外高等院校、科研院所进行合作。现有省级企业技术中心 9 个、省级工程技术研究中心 2 个，2017 年底累计拥有有效专利 863 件，其中发明 214 件、实用新型 641 件、外观 8 件，软件著作权登记 15 件，提升了企业核心竞争力。

二　科技创新工作情况

2018 年，中国振华深入贯彻习近平新时代中国特色社会主义思想和党的十九大精神，落实贵州省委、省政府、省国资委和中国电子重大决策部署，面对中美贸易战、原材料价格大幅波动等影响，中国振华逆流奋进，主动作为。科技创新工作紧紧围绕“创新驱动发展”战略，按照公司“十三五”发展规划的部署和要求，积极筹划科技创新项目、科技创新体系建设、科技投入管理、知识产权保护等工作，进一步提升了公司整体科技创新能力。

（一）制定和实施科技创新激励机制

1. 围绕发展战略，系统谋划创新发展新路径

2018 年，中国振华制定并发布了《科技创新三年行动计划（2018～2020 年）》。该计划围绕中国振华发展战略，聚焦基础元器件、集成电路、新能源新材料三大核心业务，系统谋划创新发展新路径。指导中国振华所属企业加大研发投入，深化国内外科技合作，构建支撑前沿技术研究及基础研究的创新型人才队伍，加速科技成果转化，充分发挥科技创新在推动产业迈向中高端、增添发展新动能、拓展发展新空间、提高发展质量的核心引领作用。

2. 创新人才发展体系，进一步激发活力

一是建立技术晋升机制，完善科技人才培养体系，调动科研技术

人才的积极性。全面推行《科研技术岗位体系管理办法（试行）》试点，形成技术专家、首席专家晋升通道；目前，所属企业已有27名专业技术人员申请参评中国振华首席专家、企业技术专家。邀请成电、西电组织博士团到企业进行技术交流，与西电建立了博士在企业挂职机制，并联合举办了先进封装培训班。

二是践行科技型企业股权激励。稳步推进上市公司振华科技中长期股权激励以及振华风光公司科技创新型企业股权激励工作，目前已完成激励方案，并呈报国务院国资委审批。

三是加强中高端人才队伍引进。将人才结构优化纳入考核体系，切实加大人才引进力度。全年引进4名博士、2名进站博士后，本科及以上人员占在岗职工人数比例达22.1%，较上年19.8%提高2.3个百分点。

3. 创新机制体制，完善科技创新体系

一是突出产学研用深度融合。加强同成电、西电等高校的研发合作，通过SiC器件、塑封半导体器件可靠性研究等项目合作，形成IGBT应用方案等一批科技成果。二是优化科技工作考核体系。将科技投入、重点科技创新项目、知识产权等科技创新核心工作纳入所属企业绩效考核，层层分解，落实责任。三是建立情报研究体系。着重对新能源汽车、MEMS、第三代半导体、集成电路封测等新兴产业，组织开展产业研究及发展规划研究，制定行动计划。

（二）年度研发费用投入等情况

截至2018年11月，中国振华投入年度研发费用总额3.803亿元，占比为4.75%，同比增长20.56%，全年预计完成科技投入3.95亿元。通过投入力度的加大，形成了一批有影响力的研发成果，有效拉动了企业经济增长。

（三）实施科技成果转化，产生新的经济增长点情况

一是着力高端，形成基础元器件、集成电路战略性产品。成都华微承担的“十二五”国家重大专项千万门级高性能 FPGA 课题通过国防科技成果鉴定，并已获型号批量采购；振华永光新研制的 1200V/100A IGBT 功率器件产品性能达到国际巨头英飞凌的同类产品水平，标志着中国振华在国家鼓励发展的新型电力电子器件领域取得巨大突破。二是形成新能源材料国际技术领先地位，打造新的经济增长极。立足多年来的自主研发，振华新材料基于独创的一次颗粒大单晶工艺开发出 4.35V、4.4V 锂离子动力电池正极材料技术性能超越国际龙头企业，成为 CATL、微宏动力、比亚迪等动力电池知名企业主要供应商。锂离子动力电池正极材料 2 万吨生产线（一期）自 2017 年 5 月建设，2018 年 6 月投产，已累计销售 11000 吨，预计全年实现营业收入 30 亿元，利润 1.2 亿元，分别增长 130%、100%。同时，根据新能源市场情况，拟于年底启动新材料义龙（二期）项目，项目总投资 10.26 亿元，产能 2 万吨。项目达产后，振华新材料具备 5 万吨产能，将位居世界前列。三是着力打造中国振华由关键材料到元器件、模块的自主产业生态。2018 年，振华云科承担的工信部“工业强基”MLCC 介质材料生产线建设项目顺利通过验收，完善了中国振华关键材料工艺平台。目前，基于介质材料工艺平台、电子浆料工艺平台，振华云科自主开发的高性能电子浆料、功能陶瓷材料已完全替代美国公司产品，应用到 LTCC 滤波器、压电元件等产品生产中，并提供给国内导航、微波等领域的用户，2018 年，该部分业务贡献产值已过亿元。

（四）承担国家或省重大科技支撑项目实施情况

一是切实推进高端集成电路研发，已完成“十三五”国家科技

重大专项7000万门级FPGA、八通道12bit 3.2G ADC版图设计。二是2018年11月，中国振华参加了国家重点研发计划“基于国产芯片列车运行控制系统关键基础装备攻关”项目申报，中国振华在其中承担子课题——空天车地信息一体化轨道交通安全与控制关键技术。目前科技部高技术研究发展中心正在组织项目评审。

（五）加快工业和信息化深度融合情况

一是开展智能制造试点示范建设，突出示范引领作用。推进振华新云“国产高可靠钽电容器数字化车间”项目——工信部智能制造新模式应用示范项目，截至9月，累计完成投资1.17亿元，完成率66.5%，预计于2019年底建成。2018年，贵州振华义龙新材料有限公司“锂离子动力电池三元材料智能制造示范工厂建设”项目列入贵州省智能制造试点示范项目。二是加大智能制造升级及工业大数据应用步伐。振华新材料义龙项目智能制造生产线于2018年6月正式投产，实现了生产模式由传统低效向智能高效提升，生产效率可提升两倍以上。通过“集团管控平台”与“集中采购”大数据分析项目，为中国振华建立统一的采购管理信息系统，预计实现集中采购金额65.6亿元，同比节约采购成本0.65亿元。振华“集团级互联工厂网络集成创新应用项目”列入工信部2018年工业互联网试点示范。

（六）发挥创新平台作用，提升产业竞争力情况

推进创新研发体系建设，以国家级技术中心、国家级博士后工作站、海外研发中心、贵州省制造业创新中心为载体，推动了一批关键核心技术攻关，实施一批高水平、高质量科技创新成果转换项目。一是在基础元器件板块，增强高新电子产品技术研发体系的基础和能力。完成贵州省片式电子元件工程技术研究中心验收，在现有省级工

程技术研究中心的基础上，筹划建设国家级微磁电集成片式元器件工程中心。在成都成立 IGBT 产业化联合技术中心，逐步建设国内先进、手段齐全的高压大功率器件及模块封装、测试和可靠性试验平台。在长三角等地成立新的研发中心，开展微型继电器、接触器、智能控制组件和固体继电器研制。二是在集成电路板块，以获取国家重点项目为契机，积极推进企业整体能力提升。基于国内 28nm 工艺平台，完善设计仿真软硬件，打造高端集成电路设计平台，新增晶圆中测条件、完善成品测试条件及配套环境条件，形成中国振华集成电路专业体系设计、测试、检测试验等全生命周期条件保障。以建立覆盖 180、65、28nm 工艺的高速、高精度 AD 与 SOC/SIP 的设计平台和测试平台为目标，定方向、组团队，逐步形成为客户定制开发芯片能力。建设振华微高功率密度数字电源技术平台。三是在新能源新材料板块，创建电池材料省级工程研究中心或省级重点实验室，加快第五代产品（去钴化）的研发，保持领先同行 1～2 代的技术先进性，加快推进锂离子电池正极材料智能制造示范工程建设。

（七）新技术、新工艺、新材料、新设备运用情况

一是在基础元器件板块，加快推进集成滤波模块、VDMOS、IGBT 芯片及模块、SiC 肖特基二极管等产品的研制，掌握了国际先进的场“截止+沟槽栅”技术，为打造功率半导体器件核心竞争力提供了有力支撑。二是在集成电路板块，面向信号处理领域的 SOPC，以千万门级 FPGA 为平台，集成 CPU、DDR2/3 控制器、16G 高速 SerDes、PCIe（GEN3X8）、安全模块等；面向控制系统领域的 SOPC，以 FPGA/CPLD 为平台，集成 MCU、DDR2/3 控制器、MAC 接口、12～16 位中速 ADC 等提供系统级解决方案。三是在新能源新材料板块，积极研究基于现有工艺方法、工艺平台的产品拓展方向，持续提升锂离子电池正极材料克容量水平和高低温循环水平，巩固技术领先

地位；在 BDA、BDS、BDH 三代动力三元材料的基础上，正在推进第四代 BDX 的产品研发。

（八）其他科技创新工作取得的成效

2018 年，中国振华共申请专利 165 件，其中，发明专利 85 件，同比增长 8%，申请国际专利 8 项。目前，中国振华累计拥有专利 1109 件，其中，国际专利 7 件，发明专利 375 件，集成电路布图设计 102 件，软件著作权登记 115 件。

（九）获得国家、省、市各类奖励情况

截至 11 月底，中国振华共落实各类民口科研项目 24 项、资金补助 2663 万元。组织在黔 9 户企业（新云、云科、永光、群英、风光、红云、新材料、华联、宇光）和 5 户黔外企业（振华微、振华富、成都华微、新能源、苏州云芯）完成研发费用加计扣除备案及技术鉴定，共计发生金额 13593 万元，免税 1062 万元。

三　未来展望

深入贯彻习近平新时代中国特色社会主义思想和党的十九大精神，围绕中国振华“十三五”规划发展目标，聚焦三大核心产业，激发各类创新要素活力，强化机制保障，增添发展新动能、拓展发展新空间、提高发展质量，加快转型升级，推动中国振华产业做强做优做大。

1. 加快转型升级，培育高质量发展动能

一是加快推进战略性产品研发，提升可持续发展能力。加大国产化替代研发力度，切实推进 7000 万门级 FPGA、12bit 3. 2GSPS ADC、IGBT 芯片等高新产品研发，增强自主可控保障能力；加快锂离子电

池正极材料、LTCC 介质材料技术升级，形成经济增长点。二是加快推进振华科技定增募投项目、集成电路封测能力建设等重点项目建设，发挥规模效应，补足能力短板，保障可持续发展。三是构建高性能集成电路发展平台，整合振华内部相关产业资源，同时在国内、国际范围内进行兼并重组，增强集成电路产业协同发展能力。四是加强产学研用深度融合。围绕基础元器件和基础材料、人工智能、物联网、新能源汽车等方面的部署，引入海内外高层次人才，联合高校资源，争取在传感器、宽禁带半导体、IGBT、SOC 等方面形成拳头产品；瞄准未来发展趋势，围绕产业链新技术、新模式和新标准重点发力，实现重大突破。

2. 加快改革创新，构建高质量发展体系

一是加快构建人才发展体系。加大国内外引智力度，争取从国际标杆企业引进技术专家；出台凤凰人才资助计划，对所属企业引进的技术专家、高层次人才薪酬予以补贴；全面推行技术岗位晋升体系，形成重点专业的高水平首席专家、行业技术专家队伍。二是切实优化科技创新体系。深入实施中国振华科技创新三年行动计划，深化产学研协同创新，加大与高校高层互访、技术交流力度，扩大产学研广度和深度；加大国际技术合作力度，依托日本研发中心，进一步扩大瓶颈工艺、新产品合作研发。三是持续提升业务管控水平。健全重大投资项目和科技创新项目事前论证、事中监测及调度（或审计）、事后评价机制，及时协调解决问题，防范风险。四是切实推进股权激励。完成振华风光股权激励工作，探索经营管理者、高尖端科技人才、杰出科技项目团队持股的长效机制，激活创新活力。

B.13

贵州钢绳（集团）有限责任公司社会责任发展报告

赵燕燕*

一　企业简介

贵州钢绳股份有限公司成立于2000年10月，是由贵州钢绳集团有限责任公司联合水城钢铁集团有限责任公司等五家法人单位发起设立，主要从事钢丝、钢绳产品及相关设备、材料、技术的研究、生产、加工、销售及进出口业务，是该领域技术实力最强、生产能力最大、市场占有率最高的企业之一。贵州钢绳股份有限公司拥有的省级技术中心，已承担并完成国家重点技术创新项目2项、国家级新产品试制计划1项，省级创新项目和省级新产品试产计划等共10项，共获得过4项省部级科技进步奖和技术创新优秀项目奖，涂塑钢丝绳被国家经贸委确定为国家级新产品。

二　科技创新做法及成效

（一）培养创新型人才队伍，有效提升企业竞争力

贵州钢绳股份公司大力开展技术创新的同时，高度重视人才的培

* 赵燕燕，贵州省社会科学院党建研究所助理研究员，研究方向为中国特色社会主义与党的建设。

养和锻炼。每年吸纳一定数量的青年技术人员、大学毕业生参与大部分科研项目或设计任务，让公司青年骨干担任一些具体的科研工作和设计任务，培养他们的专业技术素质和创新能力，为公司储备专业性和创新型人才；本着按需所求，缺什么补什么的原则，选派中青年技术骨干人员外出学习，同时邀请国内外知名专家到公司进行专题培训，注重实效，为公司储备高素质技术和管理人才；安排公司技术中心的专业技术人员对关键岗位中青年进行培训，提高技术工人创造力，发挥技术工人骨干作用，举办“技术改造项目”成果评审会，巩固提升技术工人技术特长，通过项目培养、技术培训，开创人才辈出、人尽其才的新局面，培养造就一支具有较高技术水平和操作技能的创新型人才队伍，有效提升企业竞争力。

（二）建立科技创新激励机制，积极营造科技创新环境

贵州钢绳股份公司基于“绩效优先、公平、公正、公开”原则，通过一系列激励制度的贯彻实施，积极营造一流的科技创新环境，鼓励技术人员潜心从事科技创新和成果转化工作。一是多项奖励措施鼓励团队或个人创新。团队或个人根据市场、行业技术需求提出自立项目或课题后实施，达到预设指标后由技术中心给予一次性奖励；团队和个人申报国家各级（省、国家）各类项目获得立项资助并完成项目合同各项任务，按获资助金额的一定比例奖励；技术中心运行、经营所产生的效益在根据国家政策提取相关费用后，按规定进行分配，各项目（或课题）合作单位和个人按协议取得各自的份额后，结余部分用作技术中心项目研发基金；每年对每个员工评定考核，考核结果与收入挂钩；加强与国内外科研院所、高校和企业合作，鼓励共同投入、共担风险、共同受益的合作模式。二是投入大量创新研发经费。年度研发费用投入总额预计为 8130. 5 万元，占企业销售收入总额比例为 4. 01% 。

（三）持续加强制修订标准工作，着力推进行业技术进步

一是申报制定、修订标准类项目。2018 年，贵州钢绳股份公司申报了国家标准 1 项，完成了标准草案、编制说明以及项目建议书等申报材料；申报了国家标准《建筑结构用密封索》的主持制定项目。二是制定、修订多项标准。贵州钢绳股份公司目前为止主起草标准 14 项，其中已经发布实施 12 项，参与起草标准 33 项，其中已发布实施的 30 项。2018 年，公司正在起草国家标准《悬索桥吊索用钢丝绳》和冶金行业标准《压实股用钢丝绳》，参加《建筑工程用锌－10% 铝－混合稀土合金镀层钢拉索》、《钢丝和钢丝制品通用试验方法》、《防扭绳用钢丝绳》三项标准的讨论会、审定会，参与了《国家金属、非金属矿山安全规程》的讨论。三是发布实施多项标准。2018 年贵州钢绳股份公司参与起草的标准发布实施的有：GB/T20067－2017《粗直径钢丝绳》、GB/T20118－2017《钢丝绳通用技术条件》、GB/T33955－2017《矿井提升用钢丝绳》、GB/T8706－2017《钢丝绳术语、标记和分类》。四是国际标准工作取得实效。公司主起草的国际标准 ISO 2408《钢丝绳—要求》在厦门召开的全国钢标委年会钢丝绳技术委员会年会上进行了宣贯。2018 年 9 月，公司《非机械弹簧用碳素弹簧钢丝》国际标准的项目提案在 ISO/TC17/SC17 年会上得到一致认可，同意公司成立针对该国际标准的国际研究团队，3 个月内完善《非机械弹簧用碳素钢丝》草案，挂网征求技术组意见并不断修改完善草案。

（四）高度重视知识产权专利申请，凝聚企业创新发展力量

知识产权作为激励创新的刚需和公平贸易的标配，是保障制造业高质量发展的内在要求。2018 年，贵州钢绳股份公司专利申请总数达 87 件，其中受理 82 件，已授权 5 件发明专利，其中发明专利 71

件，实用新型专利16件。目前为止，贵州钢绳股份公司申报专利总数413件，其中受理255件，授权145件。贵州钢绳股份公司多年来高度重视知识产权专利申请，凝聚了企业创新发展的庞大力量。

（五）积极争取重大科技支撑项目，着力培育企业创新主体

2018年，贵州钢绳股份公司编写2018年度贵州省工业和信息化发展专项资金中工业领域生产性服务业及旅游商品产业发展项目——“贵州钢绳股份有限公司申报全国制造业单项冠军示范企业奖励项目”申报材料，完成网上申报工作，获得100万元的专项经费；完成向贵州省大数据发展管理局申报的2018年贵州省大数据发展专项资金项目——“贵州钢绳产销一体化系统融合标杆项目”的网上申报工作，目前完成项目答辩待通知；完成贵州省科技厅的2018年科技成果重点推广计划项目——“胎圈用镀高锡钢丝工艺研究及推广应用”项目任务书的编写工作，完成项目的申报工作，获专项经费100万元；完成2018年度贵州省工业和信息化发展专项（技术创新项目）——重大科技成果产业化项目——“空间结构用密封钢丝绳关键技术研究”项目的网上申报工作，2018年8月签订项目合同书，获专项资金150万元；完成向贵州省发改委申报的贵州省预算内基本建设投资军民融合项目专项——“超厚铜层特殊电缆钢丝绳开发及产业化”项目申报材料的编写，已经提交项目申报材料，待批复中；申报完成省发改委2018年贵州省高新技术产业化示范工程——“年产1000吨索道用钢丝绳生产线建设项目”，获40万元的专项经费；完成省科技厅2014年国际合作项目“海洋锚泊钢丝绳防腐关键技术研制及应用”项目；省发改委的“特种金属线缆及装备工程研究中心”平台和“年产2000吨密封钢丝绳高速连续模拉生产线建设高技术产业化示范工程”项目验收材料的编写工作，并已提交验收材料，待验收中。2019年3月，贵州钢绳股份公司申报了《国家高端装备

制造业标准化试点》项目，6 月 15 日，得到国家标准委办公室、工业和信息化部办公厅批复，公司被批准为国家高端装备制造业标准化试点单位。

（六）注重“四新”研发和运用，有效提高企业生产力

贵州钢绳股份公司始终遵循“科技是第一生产力”的原则，注重新技术、新工艺、新材料、新设备“四新”研发和运用，充分发挥科技在生产中的先导、保障作用，提高企业生产力。2017 年，贵州钢绳股份公司与北京空间飞行器总体设计部（501 所）合作研发钛合金钢丝绳，2018 年 7 月交付了 6X17S－2.0 钛合金绳试制产品 150 米，待 501 所对试制品验收中；北京佳德中宝科技发展股份有限公司要求贵州钢绳公司按美军标要求国产化直升机速降绳以替代进口（不锈钢 19X7－4.76），2018 年 8 月试制的产品经公司内部检测完全满足技术要求，9 月初已将试制的产品 150 米交客户验收，待产品试用结果；弹簧芯钢丝绳新产品研发，将原来的弹簧绳芯用弹簧升级为矩形截面圆柱拉伸弹簧（密排），公司一分厂拉制的矩形钢丝外委试制的 400mm 长矩形截面圆柱拉伸弹簧（密排）样品。

三　下一步工作打算

（一）大力推进供给侧结构性改革

继续按照公司“三个一批”总思路不断促进传统产业加快改造提升，推动产业升级，以市场需求为导向优化产品结构，淘汰落后产能和工艺，不断提高企业的市场竞争能力，确保国有资产的保值增值。

（二）加大科技创新研发力度

一是要加大弹簧芯钢丝绳新产品研发力度，积极跟踪钛合金钢丝绳、直升机速降用钢丝绳等新产品的试用及推广应用工作。二是要加快省级项目的研究进度，结合公司搬迁步伐，实现公司技术升级。三是要坚持绿色发展，开展节能和环保改造，淘汰落后用能设备及工艺。

（三）推动信息化与工业化两化融合

推动互联网、大数据、人工智能和实体经济深度融合，在更大范围、更加高效、更加精准地优化生产和服务资源配置，改变生产方式，促进传统产业转型升级，催生新技术、新业态、新模式，为制造业强国建设提供新动能。公司要加快信息化和工业化两化融合工作，加快实施自动化生产作业，逐步推广应用智能制造技术，加快生产系统改造。一是推动实施生产精益化，尽可能实现连续化生产作业，改变间断分割的生产模式，减少物料及产品库存、反复搬运及高强度的手工作业等问题，缩短产品生产及交货周期，提高产品质量。二是推动标准化生产作业，标准化是实现自动化的基础，也是智能制造的前提，公司在工字轮及设备配件及通用零部件上要实现标准化生产，降低生产成本。三是推动实现模块化，从模块化设计、模块化采购到模块化生产，模块化也是智能制造能否实现低成本满足个性化消费的关键所在，模块化降低了从设计、采购到生产的复杂程度，标准化的接口和连接方式增加了通用性，降低了制造成本与周期。四是规划实施实用的、自动化程度相对较高的生产装备和生产流水线以及产品的自动包装装备，探索实施将离散型加工方式进行系统集成，把原来独立的工序通过自动化生产线连接在一起，实行精益式的连续生产，消除中间环节的上下料、储存和搬运，提高生产速度和生产效率。

（四）推进自动化和智能化技术改造

公司要在条件具备的生产工序及岗位推进自动化和智能化技术改造。一是拉丝机台场地及设施的改造，拉丝实行分类生产管理，对于制绳用钢丝的生产，解决工字轮与股绳机工字轮的匹配及应用问题，实现拉丝工字轮收线后可直接转运到股绳机台生产股绳，减少钢丝入库、频繁转运、卷线等工序；对于商品钢丝的生产，在拉丝机台收线后即进行自动一体化包装，包装后直接入成品库或发运。二是对行车进行改造，将公司行车原来的凸轮操作改为遥控器操作，由传统的空中行车工操作改为地面人员操作控制。三是实施股绳机工字轮机械手上下轮吊装工作。四是建立生产管理执行系统，首先要对公司生产及信息化系统进行全面的总体评估，然后将质保书网络传输打印、产品二维条码和财务用友软件进行系统集成。

B.14
保利久联控股集团有限责任公司社会责任发展报告

赵燕燕*

一 企业简介

保利久联控股集团有限责任公司（简称：保利久联集团）是中国保利集团公司五大主业之一，是中国最大的民爆一体化企业集团，集团下辖久联发展（上市公司）、盘化集团、保利化工、保利民爆科技、山东银光民爆、久联房开、新联轻化工等7家控股子公司，主要从事国有资产经营管理、投资、融资，民用爆破器材生产、销售，爆破工程施工和技术服务，武装守押，房地产开发、销售和房屋租赁等业务，其中民爆是核心业务。保利久联集团共有炸药生产线43条，工业炸药许可产能44.25万吨；管索类产品生产线8条，雷管许可产能21000万发，塑料导爆管许可产能4000万米，导爆索许可产能1000万米。产能分布遍及贵州、山东、辽宁、甘肃、新疆、河南、西藏、江西8省（自治区），产品销售市场覆盖全国25个省（市、自治区），海外业务拓展至越南、缅甸、斯里兰卡、土耳其、苏丹、南非、澳大利亚、智利等30多个国家和地区，是全国产能第一和集研发、生产、销售与爆破服务一体化、在民爆全产业链上协同发展的大型民爆集团。

---

* 赵燕燕，贵州省社会科学院党建研究所助理研究员，研究方向为中国特色社会主义与党的建设。

二　科技创新成效

2018 年，保利久联集团以“内涵式增长与外延式扩张并重，为推动中国民爆业发展而努力奋斗”为发展理念，坚持“一体化经营、资本化运作、国际化运营和技术创新”四轮驱动的创新驱动型发展之路，全面提升企业和产业的自主创新能力，全力推动企业技术创新。

（一）完善科技创新发展体系

保利久联集团公司和分、子公司制定和修订了技术管理各项制度，有效开展集团科技创新工作。2018 年，新联爆破集团建立完善《公司技术管理制度》《科技成果管理办法》《科研立项、资金管理及考核管理办法》等制度办法，建立了以工程技术中心和总工程师办公室为核心、事业部、分公司技术管理部门为依托、项目部技术发展为基础的科技创新发展体系，在全公司营造了良好的科技创新发展氛围。从体制上保证公司对相关部门及项目部研发人员、资金、仪器设备和政策方面的支持，提升公司科研开发和技术创新能力，促进科技进步。在建立完善管理制度的同时，集团公司有效贯彻落实了《科技成果奖励办法》，科技成果的所有权归公司所有，科技成果应在公司内部进行转化或对外转化，创造经济效益；科技成果奖励规定符合条件的个人，奖励归个人所有；科技成果奖励规定符合条件的集体，奖励给集体，由该成果负责人决定奖励分配比例并予以实施。

集团公司还坚持把人才资源开发放在科技创新最优先的位置，优化人才结构，注重高层次创新型人才的引进、培养和使用。与专业对口高校建立人才输送与培养合作关系，选取专业对口毕业生到公司锻炼培养，计划联络专业对口高校，引进各类优秀毕业生；根据中华人民共和国科技部、国资委及贵州省委省政府相关高层次人才建设精神，申报相关高层次人才。目前，保利久联集团拥有博士2人，在读博士5人，研究生50余人，国务院特殊津贴1人，贵州省百层次人才1人，贵州省青年科技专家1人，贵州省优秀青年科技人才1人。

（二）加大科技研发资金投入

2018年度，保利久联旗下新联爆破集团完成科研费用投入375万元，为技术研发提供了资金保障，减少了公司对科技研发投入的负担。同时，旗下盘江民爆，2018年科技创新资金投入5400万元，预计占销售收入的11.5%，与去年同比增加投入2.5%，通过科技成果鉴定的装备全部转化为在线生产，成果转换率达到100%。

（三）高度重视科技成果转化

2018年，保利久联集团完成了DDNP起爆药自动化生产线、高威力乳化炸药、电子雷管自动卡口检测赋码一体机科技成果鉴定；完成了导爆药自动筛药机、导爆药自动装盒机、延期药自动造粒机、延期药自动装盒机的4种雷管专用设备研发，且通过了贵州省工信厅组织的科技成果鉴定，通过科技成果鉴定的装备全部转化为在线生产，成果转换率达到100%。集团公司主编爆破行业标准2项、参编爆破行业标准15项（其中2项已经获批并实施）；编制企业标准3项；获批省级工法4项（《裂隙岩体空气间隔装药爆破技术施工工法》《喀斯特岩体台阶精确延时爆破施工工法》《深孔台阶预裂爆破技术施工工法》《深孔爆破孔内分段延时爆破技术施工工法》）；申请发明专利35项、实用新型专利31项，授权发明专利4项、实用新型专利24项，授权软件著作权6项。在国家级核心及以上期刊发表论文30余篇。

（四）推动工业化和信息化深度融合

多年来，保利久联集团加大资金投入，积极调整产品结构和工艺技术，通过自主创新、合作研发等模式，不断增强企业核心竞争力和智能制造水平。公司目前已通过两化融合管理体系评定，拥有通过工信部科技成果鉴定9项、获得和已公示国家专利25件（其中发明专利6件，实用新型专利19件）。同时也得到省、市级政府部门技术项目资金补助奖励。公司已获得2018年工信部智能制造新模式应用和智能制造试点示范项目立项批复。

联合研制了门禁式定员监控系统。根据国家工信部下发的《民用爆炸物品生产企业门禁式定员监控系统安全技术条件》，要求民爆生产企业有操作定员要求的1.1级（含1.1级）工业炸药及制品生产线危险工房需建设“门禁式定员监控系统”，建设的门禁式定员监控系统须具备进出人员身份识别与数量统计、满员状态信息提示、超员状态报警、进出人员实时监控、自动记录与储存和联网功能。

联合研发适用于民爆行业的门禁式定员监控系统，采用C/S技术架构，由前端检测设备、传输设备、控制/管理设备、显示/记录设备以及SQL数据库和系统软件平台组成。采用无障碍智能化门禁技术，智能卡、光电探测、视频监视、LED显示、声光报警、语音对讲、地感检测和系统软件等技术组合开发，基于智能卡方式管控工房各个通道，符合民爆行业现行标准规范和监管要求。该系统获得国家发明专利和计算机软件著作权，是民爆行业首家通过工信部专家验收的系统，现在全国民爆行业近40家民用爆炸物品生产企业推广使用，效果良好。

联合开发了民用爆炸物品生产经营综合管理信息系统。根据工信部《民用爆炸物品行业“十二五”发展规划》（以下简称《发展规划》）、《关于民用爆炸物品行业技术进步的指导意见》。鉴于民用爆炸物品生产经营还处于传统管理和工作模式，众多业务依赖大量的手工作业，无法对民用爆炸物品生产经营全过程进行有效的、及时的管控，大量数据无法共享，产品生命周期无法追溯，数据化、信息化程度较低。开发了民用爆炸物品生产经营综合管理信息系统，从建立民用爆炸物品生产经营过程信息采集与管控，实现民用爆炸物品生产、销售、运输、仓储、安全、设备、质量、能耗等环节的信息采集、监控和跟踪、有效管理和安全预警，以信息化带动工业化，推进两化深度融合，推动生产过程数字化和信息化，实现民用爆炸物品生命周期溯源追溯，提升民爆物品生产经营管理水平。该系统将公司内各信息系统集成应用，打破信息孤岛，实现信息共享，为智能制造奠定坚实基础。系统已获得计算机软件著作权。

联合开发民用爆炸物品数据可视化系统管理平台。基于民用爆炸物品生产经营综合管理信息系统，利用可视化技术开发了民用爆炸物品数据可视化系统管理平台，数据分析平台向下能连接数据中心，分析产品质量变化趋势，并对生产线设备故障预测；向上可将分析结果传送至企业内部各生产管理系统，提供有针对性地故障索引知识库和知识共享、远程专家指导，达成基于大数据分析的生产线协同管理、智能调度与远程运维服务。大数据综合管理平台的建立，实现核心技术装备与业务系统的智能化集成，互联互通，发挥整体优势。实现智能化车间生产线的横向和纵向立体式综合集成与协同创新，达到建成民爆物品安全生产智能制造新模式的目标。

联合研制了国内首条 DDNP 起爆药自动化、连续化、智能化制造生产线。该生产线的研制是在盘江民爆公司传统工艺基础上采集大量数据，利用先进的自动化设备和检测仪器建造而成，实现了传统工艺依靠经验手工制造向自动化、连续化、智能化制造的转变。一是安全水平大幅提高：相比传统工艺，该生产线提料、化合反应、分份抽滤、装盘分梳、真空干燥、凉药、筛药装盒等危险工序都在防护工房内自动完成；各工序防爆门与设备完全实现连锁联动，工序间采用AGV机器人自动定位传送，现场无人员操作。二是自动化程度高、设备运行可靠，产品质量稳定：化合反应及传送均采用自动控制系统自动检测和自动传送，无须人工干预。重氮化反应工艺设定后，原材料自动提取、加料，溶液温度及pH值实时监控，PLC根据传感信息，按照预设程序智能分析、判断并调节盐酸的加料速度，全过程闭环控制，自动化程度和可靠性较高，给产品质量提供保障。三是废水集中回收处理，实现零排放：相比传统生产工艺，该线自动化程度高，控制更加精准，各环节进一步优化，减少了污水量，污水集中收集，由自行研发的DDNP处理系统处理达标后回收利用，实现了零排放，解决了DDNP生产废水难以处理的课题。该智能化生产线于2018年1月通过工信部科技成果鉴定，鉴定结论为装备国际领先、技术工艺国际先进。

联合研制了电子雷管智能装配生产线。联合研制的电子雷管智能装配生产线具有自主知识产权、获得专利13项，工艺及装备技术属于国内首创，是一条多项技术指标达到国际领先水平的自动化、连续化、少（无）人化电子雷管生产线。该生产线设计年生产能力2000万发，由5台套装备组建实现。每台套装备主要由电子引火元件智能焊测一体机和电子雷管卡口、检测、编码、赋码一体机组成，通过自动传输分配系统实现电子雷管自动化、智能化生产。一是研制电子引火元件智能焊测一体机，重点解决了点火药头的自动冲切、检测、排模，多发电子控制模块与脚线、药头自动焊接，多发半成品检测，不合格品自动标识等自动化技术难题。二是设备运行更加稳定，焊接质量更加牢固可靠。三是生产效率大幅提高，满足公司生产需求。四是研制电子雷管智能装配生产线，重点解决基础雷管自动传输、抓取，多发雷管同时自动卡口、多发雷管同时自动检测、赋码、激光编码，产品外观质量图像识别检测，模具自动回传等功能。该智能化生产线在全国民爆行业具有较好的市场前景和推广价值。

2018 年，公司完成了民用爆炸物品安全生产综合管理信息系统的平台建设。该系统紧紧围绕民爆物品智能制造新模式，利用大数据、“互联网 +” 等信息技术建立数据中心，实现民用爆炸物品生产、销售、运输、仓储、安全、设备、人员等环节的信息采集，对生产线在线人员、设备、工艺参数进行多级监控，对危险品仓储、危货运输车、爆破作业现场实时监管，推动生产过程数字化、信息化和智能化，实现民用爆炸物品生产过程溯源。

（五）培育建设科技创新平台

公司积极发挥创新平台作用，对关键核心技术进行攻关或技术升级改造，推动企业产业发展由劳动密集型施工向技术密集型转变，提升产业的核心竞争力。9 月，承办民爆行业智能制造现场推进会，迎来业内 300 名专家莅临现场。将按照智能制造的统筹规划和顶层设计，持续开展智能化建设，不断提高装备及技术的自动化、智能化水平，以高端装备建设智能生产线提高本质安全，以研发创新持续推进产品转型升级，以信息平台推动智慧生产，致力于建立民爆智能工厂。“基于物联网精准爆破技术应用国家地方联合工程研究中心” 国家地方联合工程中心组建报告及名称已获国家发改委批复，已按组建报告计划开展建设工作。

（六）推广新技术新设备运用

2018 年，保利久联集团完成了高强度导爆管研制、安装、调试，成果鉴定，验收。该装备拉制速度 300 米/分钟，拉力超过 20 千克，下药稳定，浮药超低，安全可靠，材料成本低，同比普通导爆管成本仅增加 0.03 元/米，产品质量达到国内外一流水准，通过了贵州省工信厅组织的科技成果鉴定。完成了 1.6 万吨膨化炸药自动流程型项目建设，该生产线采用国内先进的生产工艺及装备，采用南京理工大学技术，广西 309 厂设备，武汉人天机器人装车，整线生产作业控制在 3 人内，该生产线为国内领先水平。

（七）产学研合作取得新突破

公司逐渐承担并完善建设了贵州省爆破工程技术研究中心、贵州省企业技术中心、贵州省发改委工程中心、贵州省工程爆破技术应用人才基地、院士工作站、博士后科研工作站，并于 2018 年完成了院士工作站和博士后工作站的课题验收，国家地方联合工程中心、高新技术企业平台等建设。开展业务主要包括：高新技术企业及科研项目加计扣除减税、科研项目立项及政府扶持资金申报、知识产权申请及维护、科技进步奖申报及技术人员业绩管理、技术作业流程（标准）的建立和推广、科技成果转化、对外技术服务、技术咨询、大型工程施工组织编制和重点工程危大专项方案编制和交底、爆破工程安全评估与安全监理工作等。

根据保利久联集团工作进度，配合建设保利久联集团民爆工程实验室，已完成了保利久联集团民爆工程实验室改造初步方案，通过将 9855 分公司的硝酸铵库房改造升级，以达到符合现代化实验室建设要求的目的。按照股份公司计划与要求推进，配合工业和信息化部安全生产司、公安部治安管理局、保利久联集团于 2018 年 9 月 18 日在贵州省贵阳市联合召开民爆行业智能制造现场推广会。完成了“露天台阶爆破安全培训”专项安全培训以及“露天台阶爆破智能设计软件”推广应用培训工作，提高施工人员标准化施工技能，强化安全意识。“露天台阶爆破智能设计软件”在别斯库都克露天煤矿试验推广，该软件高效地完成炮孔的自动布置、起爆顺序的确定、爆堆的块度分布以及爆破效果评价，大大减轻了工程技术人员的负担，并实现了对爆破效果的快速统计与评价。保利久联集团 2018 年发展改革工作方案的重点工作任务中明确了“加速混装产品多样化配方研制”研究任务，为此成立了“现场混装炸药配方多样性及复合油相研究”项目课题组。课题组领导及成员多次组织召开专题工作会议，讨论开展此项课题的研究工作。保利久联集团组织专家对“现场混装炸药配方多样性及复合油相研究”课题实施方案进行评审，经过质询与讨论，同意项目进行立项研究。

三　未来及展望

保利久联集团全面贯彻落实党的十九大精神，充分发挥科技创新的核心引领作用，依托大数据、物联网、移动互联网、云计算等新一代信息技术，加快引进智力资源，加快建设创新平台，加快发展大数据与实体经济融合，不断做大做优传统爆破行业的服务水平，全面提升科技创新整体水平，全面推进经济发展动能转换，实现高质量发展，为早日使保利久联集团发展成为“全球一流大型民爆综合服务商”提供强有力的科技支撑。应主要从以下三个方面来推动。

（一）重抓创新载体建设，促进资源整合

一要初步完成民爆工程实验室建设任务，创建国内一流的民爆行业标准化实验室。2019 年底完成配套设施的整体安排布置，建立系列管理制度，实现实验室建设现代化、配备标准化、管理信息化、使用规范化。同期准备资料申请贵州省质量技术监督局与实验室评审管理司认证，为后期开展对外技术服务和试验报告业务做前期准备工作。二要加强保利久联集团数码雷管对标竞争优化。依托保利久联集团，继续加强久联民爆器材发展股份有限公司和盘江民爆对数码电子雷管的对标管理，通过技术层面、经济层面、应用层面三个方面进行综合对比，始终坚持先进性原则，淘汰落后生产技术，坚持全面性原

则，提升产品的综合性能，坚持关键性原则，组织攻关取得数码电子雷管的技术和应用重大突破。实现民爆业全面推广数码电子雷管，达到各省、区、市电子雷管使用率每年递增不得低于20%的指标要求。三要建设科技创新驱动核心区。按照以公司总工办为核心，分子机构技术管理部门为重点，项目部为载体，重大项目部为试点，加快完成公司技术创新发展模式推进。围绕公司产业发展和产业转型需求，打造以提升产业创新能力为核心，大力发展高新技术企业优势，促进分子公司全面创新，积极推进科技金融、知识产权、技术转移及成果产业化、股权激励、市场准入、行政管理等改革创新试验，打造商业模式、管理模式、组织模式创新的先行区。

（二）重抓政产学研合作，促进成果转化

一要加强信息化、标准建设。通过技术研发加快大数据平台建设、爆破一体化科技服务和矿山业务开拓三大战略任务。科研技术研发协助提升爆破一体化业务能力，同时协助开展矿山爆破一体化业务。开展针对矿山业务的技术研发并加快研究成果转化，提高矿山业务爆破一体化技术能力。针对公司的业务类型，进行技术流程梳理和标准化流程凝练，加大行业标准、省级标准的申报力度，积极申报国家标准。制定标准的同时，加大对标准的执行力，为公司项目考核体系建设、项目经理责任制提供技术基础。制定科技成果转化的激励机制，提高科研成果转化率，以技术创新带动项目成本的降低，促进项目管理水平的提升，提高公司整体经营效益。二要加强产学研联合研发，推动成果转化。公司将切实加强与高校和科研院所的交流和互访，与国内外高校或科研机构、企业开展项目合作，并形成产业技术联盟。除合作研发外，在充分调查分析基础上，还将有选择性地对国内外先进技术进行消化、吸收与创新，通过引进国外先进技术、扩大应用领域、提高产品与服务质量，提高自身创新条件。三要加强规划

协调管理。建立机关技术管理部门与项目部、分子公司技术部之间的工作会商制度和协调机制，加强与“十三五”技术发展规划的衔接部署，重视与人才、培训等其他规划以及各地方经济发展规划的协调。加强年度计划与规划的衔接，对主要指标应当设置年度目标，充分体现规划提出的发展目标与重点任务，确保规划提出的各项任务落到实处。

（三）重抓发展要素保障，促进环境优化

一要加强技术团队人才队伍建设。坚持在创新生产工作中发现人才、培育人才、引进人才。大力培养和引进一批科技型领军人才、高端技术人才和高层次创业人才，加快形成高质量的创新型人才队伍。根据公司重点产业发展和转型方向，重点引进拥有重大、关键核心技术的人才和创新技术综合性人才。发挥好领军人才的作用，加大扶持力度，积极推荐现有人才升格。支持与科研院所、高等学校联合培养“双师”人才，建立以企业为核心集聚创新型领军人才的机制。完善高技能应用创新型人才培养模式和评价机制，实行积极的政策激励措施。鼓励拥有丰富技术经验的技术人员在项目之间进行推广，开展成果转化辅导培训工作，根据工作业绩给予相应的资助和奖励。把高技能应用创新型人才纳入创新人才团队培养计划，鼓励其承担各类科技计划项目。提高劳动者的职业素养和技能，夯实高技能应用创新型人才队伍建设基础。二要强化成果转化导向。改革科研评价制度，对从事基础研究、应用研究和成果转化的进行分类考核评价。落实科技成果转化报告制度，对科技成果转化绩效进行评价，对科技成果转化绩效突出的单位及人员加大科研资金支持力度。在专业技术职称评聘与岗位考核中，将成果转化应用情况与工作业绩、论文指标要求同等对待。加强对科技成果转移转化的管理、组织和协调，明确科技成果转移转化各项工作的责任主体，优化科技成果转移转化流程，设立科技

成果转化岗位，加强科技成果转移转化队伍建设，建立专业化科技成果转移转化机构。三要完善组织实施机制。加强规划实施组织，建立由技术委员会牵头，各分子公司和项目技术管理部门通过职能对接、任务会商等方式协调推进的规划实施机制。各分子机构要依据本单位制定的年度技术发展规划，结合各自实际，突出各自特色，强化本项目所在区域特色、科技发展部署，做好与规划提出的战略思路和主要目标的衔接，做好重大科技项目和重点措施的规划相关性审查。加强规划的贯彻宣传，调动和增强社会各方的主动性、积极性。

B.15
贵州省煤矿设计研究院有限公司社会责任发展报告

赵燕燕*

一 企业简介

贵州省煤矿设计研究院始建于1964年，原名煤炭工业部水城煤矿设计研究院，1987年由六盘水市迁至贵阳，同时更为现名。1988年与成立于1978年的贵州省煤炭科学研究所合署办公，于2006年以原贵州省煤炭科学研究所为基础，完成了贵州省矿山安全科学研究院的组建工作。2006年10月1日起由差额拨款事业单位完全变更为企业。

2010年6月23日，煤炭工业建设工程质量监督总站正式下发文件，同意依托矿山院成立“煤炭工业贵州建设工程质量监督直属站”。

目前全院共持有10个甲级资质、7个乙级资质。业务范围涵盖：煤炭行业（矿井、选煤厂）的工程设计、咨询、监理、安全评价、项目管理；建筑、公路、市政公用行业的设计、咨询、监理；生态建设和环境工程、火电（煤矸石发电）、机械；环境影响评价、环保竣工验收调查；土地复垦及开发整理；工程勘察、工程测量；地质灾害的设计、评估、监理、施工；城镇规划等，是一个能独立承担资质范

* 赵燕燕，贵州省社会科学院党建研究所助理研究员，研究方向为中国特色社会主义与党的建设。

围内大型项目的咨询、设计、监理和工程总承包业务的勘察设计单位。连续23年被贵州省工商行政管理局授予“重合同、守信用”企业。自2006年改制至今，经济实力明显增强，业务结构优化，员工队伍素质大幅度提升，科技创新实力和竞争力不断推进，发展模式有了新的突破。

二　科技创新成效

（一）健全科技创新激励机制

作为贵州省传统的煤炭科研单位，一直以来，贵州省煤矿设计研究院有限公司坚持深化改革和科技创新，健全体制机制，进一步确立“科技第一生产力、创新第一驱动、人才第一资源”发展理念，以“公正、科学、严谨、诚信、廉洁、高效”为质量方针，深入实施创新驱动，稳步提高科技水平，从而提升整体运行质量。尤其是2018年，实现公司制改革，对科技创新体制按公司制改革，提高人才引进灵活机制，以更好的适合企业发展及科技创新管理，对出具的科技和咨询报告质量上进一步规范，强化科研项目的项目负责人制，优化项目结算产值比例结算制，提高了职工科技创新动力，为公司今后持续发展、提升核心竞争力提供人才技术保障。

（二）加大科技研发投入

随着国家在煤炭行业去供给侧结构性改革成效逐渐显现，公司抓住机遇，享受红利的同时，加大了科技投入，保障企业的持续生命力。截至2018年11月底，公司全年经营收入1.04亿元，较上年度增长约100%。与此同时，公司也加大了科技投入，全年科技投入约720万元，占公司总收入7%左右。

（三）加强重大科研项目科技成果转化

1. 瓦斯防治技术

煤矿瓦斯防治技术作为贵州省煤矿设计研究院有限公司的传统科技创新业务强项，2018 年，公司完成大量已有科技成果转化，为贵州省煤矿安全提供了技术保障，也为公司带来了较好的经济效益。结合 2018 年省政府精神和贵州省煤矿瓦斯灾害防治工作新形势及新的需求，公司进一步在省科技厅获重大专项立项研究，同时完成科技厅攻关计划 4 个项目验收；获省科技厅“十三五”重大专项 3 个子课题立项，项目主要针对贵州省薄煤层机械化开采、三软地质条件及无人、少人开采方面的瓦斯灾害预警技术难题，开展基于大数据分析方法、信息挖掘技术的突出预警模型研究，构建自动化、信息化、智能化预警平台，进一步优化和推进煤矿安全信息监测技术及装备研发，实现煤与瓦斯突出区域智能识别，从而引领贵州省煤矿向智慧型矿山发展。公司还开展了煤与瓦斯突出鉴定、瓦斯参数测试、突出危险性评估/预测和消突评价等瓦斯防治技术咨询服务类项目 160 多项，实现合同产值 3200 万元，同比增长 100%。为了进一步拓宽业务范围，公司结合公路或铁路隧道施工单位瓦斯防治存在的重点和难点问题，积极开展隧道瓦斯防治工程化服务，组织钻进队伍为隧道施工单位实施超前地质预测预报钻孔，并依据钻孔资料实现超前瓦斯预测预报，为隧道施工单位瓦斯防治提供了强有力的技术支撑，弥补了隧道施工单位瓦斯防治方面的短板。

2. 煤矿智能化、信息化建设

建设贵州省煤炭行业信息化平台。2018 年，公司通过建设基于云计算和大数据技术的煤炭行业信息化管理平台，借助云计算平台的高灵活性和可靠性，煤矿企业基于平台提供的现有服务迅速搭建系统。目前已初步建成了贵州省煤炭行业信息化平台，包括煤矿信息化管理平台和信息物联网平台，并在全省30多座矿井进行推广和应用。

建设贵州省煤矿综合自动化及管理信息化平台。该项目为安全生产重特大事故防治关键技术科技项目，通过物联网、应用程序、应用接口进行数据采集和分析，利用网络传输到“煤矿自动化及管理信息化平台”，形成煤矿安全、经营、生产、设备实时运行等煤矿数据库，为煤矿安全生产、远程控制提供决策支持，目前已建成1套煤矿自动化及管理信息化平台并正向全省推广。

负责“贵州省煤矿基本信息采集平台”和“贵州省煤矿智能化平台”项目。为625家煤矿建立了“一矿一档”信息档案，建立了贵州省煤矿基本信息、动态信息及实时信息等采集渠道，并制定了统一的贵州省煤矿智能机械化物联网数据上传规范，目前项目所取得的阶段成果获得国家能源局高度认可。

智能化矿井建设。2018年，公司牵头国内顶尖科研单位和厂家，在毕节、六盘水、遵义开展智能化矿井建设，目前在贵州大西南矿业股份有限公司、贵州飞尚能源有限公司、贵州马家田煤矿等5处煤矿同步开展智能化矿井建设。

获科技厅攻关项目“贵州省智能化矿井运维平台建设”立项。该项目以贵州省煤矿智能化机械化升级改造为契机、以贵州省煤矿信息采集平台和煤矿智能化系统运行数据上传系统为基础，打造智能化机械化运维服务平台，采用“线上诊断+线下运维”的创新模式，解决贵州省智能矿井建设后的运维难题，目前该项目已获得贵州省科技厅立项。

3. 信息管理平台、服务平台建设建设

自2017年3月开始，在省能源局领导下，组建了专业技术团队，完成了贵州“能源云”可行性研究报告编制工作，并多次组织专家对平台架构论证评审，取得的成果也获得了国家能源局的高度认可。公司负责贵州省煤矿信息管理平台（贵州“能源云”平台）研发和建设，主要包括煤炭、电力、油气、新能源、项目规划、人才市场及技术规范等板块。现阶段以贵州省煤炭工业转型升级为契机，首先开展了煤炭板块的建设，同步开展其他能源板块的研究和建设工作，目前，公司建立了“煤矿基本数据采集系统”，提供全省煤矿基本信息、兼并重组信息、动态信息及实时信息（如设备运行数据、经营管理数据）等采集渠道，为厘清全省煤炭数据家底和形成煤矿数据资源目录及深化煤炭大数据应用奠定基础；建立了“煤炭生产调度系统”，实现每日煤炭产量、销量等信息更新，全面掌握每日、每个区域、每个企业产量销量等情况。同时，系统可自动生成汇总统计、环比、同比等关键数据指标，为进一步分析和利用数据资源提供技术支撑；建立了“智能化系统运行数据上传服务系统”，已接入煤矿六大智能化子系统（运输系统、排水系统、通风系统、瓦斯抽放系统、压风机系统、供配电系统），制定了统一的物联网煤矿智能机械化数据上传标准和数据目录，规范了上传过程和数据格式，全面打通企业到“能源云”数据的通道，可实现原始数据快速收集和分类整理，实时掌握其生产过程、设备运行和现场情况等；建立了“智能机械化矿井建设信息调度系统”，实现煤矿智能机械化升级改造情况跟踪管理和动态查询，系统使煤矿基本建设情况和升级项目内容一目了然，可全面了解全省各煤矿智能机械化升级改造进度，为加快推进智能机械化升级改造提供可靠依据。基于上述四大系统，通过“人工填报（手机 App）+在线采集（物联网）”方式逐日汇总煤炭生产数据，在原始数据可追溯、物联网数据实时传输在线监测的前提下，由煤矿企业填报，县、市和省三级管理部门再对上报资料逐级校核，确保数据的及时性、可靠性和科学性。调度结果已通过快报及时报送省领导，并与相关部门共享。

电力、油气、新能源、规划板块大数据服务平台。完成电力板块服务平台架构搭建，包括全省各地区电力（火电、水电、风电、太阳能发电）分布和使用情况的可视化地图模块、全省电力发电及用电情况模块和全省电力发电及用电分析情况展示模块；完成油气板块服务平台架构搭建，包括从多维度展示全省各地区油气资源（汽油、柴油、航空燃油、煤层气、天然气、煤液化）贮藏和输送连接分布情况的可视化地图模块和全省油气开发利用情况模块；完成贵州“能源云”新能源板块架构建设，包括全省各地区发电类型（垃圾发电、农林生物质发电、太阳能发电、风电）分布及装机容量情况的可视化地图模块和各发电类型发电情况分析模块；规划大数据板块服务平台：完成贵州“能源云”规划大数据板块架构建设，包括全省各地区能源（煤矿、风电、火电厂、天然气）项目规划分布情况（“十三五”规划煤矿、风电项目、规划火电厂、规划煤液化项目）的可视化地图模块、图层控制模块、专题查询模块、数据统计模块。

贵州省能源行业经济运行数据管理平台。贵州省能源行业经济运行数据管理平台主要用于汇集、统计、分析贵州省能源行业经济运行数据。该平台是“能源云”决策平台的主要组成平台之一。具体完成情况如下：电力部分，完成了统调电厂发电量管理、省内社会用电量管理、向外省输电管理、电力投资管理、重要电力指标管理、电厂管理等模块；规划部分，完成了煤炭项目投资管理、煤情管理等模块。

油气部分，完成了成品油购销存管理、成品油批发价格管理、煤矿瓦斯抽采管理、煤矿瓦斯利用管理等功能；新能源部分，完成了企业发电量管理、地区发电量管理、企业煤矸石利用、地区煤矸石利用、各类新能源投资、各地区新能源投资、发电企业管理、煤矸石企业管理等功能。

（四）科技创新平台建设

2018 年，贵州省煤矿设计研究院有限公司通过省科技厅、省发改委、省财政厅授牌的“贵州省煤矿瓦斯防治工程技术研究中心”和中国煤炭工业协会授牌的“贵州煤与瓦斯突出防治煤炭行业工程研究中心”的建设，通过已取得的瓦斯治理方面抽采、防突技术及成熟的管理体系，还有引进的一批先进的新技术和新工艺，进一步在全省开展了推广应用及提供技术咨询服务；积极响应省委、省政府“大数据、大扶贫、大生态”的战略部署，实现服务业转型升级和融合发展，获得省发改委的“贵州省煤与瓦斯突出防治科技创新发展服务平台”建设；公司下属的“贵州省矿山安全科学研究院”进一步获科技部“高新技术企业”认定。

（五）科技创新获奖情况

2018 年，贵州省煤矿设计研究院有限公司获得 2018 年度煤炭行业（部级）优秀工程咨询成果一等奖 1 项、二等奖 3 项、三等奖 1 项。“贵州省煤矿智能机械化课题研究”获 2018 年度煤炭行业（部级）优秀工程咨询成果一等奖；“贵州省煤层气（煤矿瓦斯）综合抽采及利用技术经济研究”获 2018 年度煤炭行业（部级）优秀工程咨询成果二等奖；“贵州省煤矿基本信息采集研究”获 2018 年度煤炭行业（部级）优秀工程咨询成果二等奖；“盘州至兴义高速铁路盘州至保田段采空区专项地质咨询报告”获 2018 年度煤炭行业（部级）优秀工程咨询成果二等奖；“贵州永润煤业有限公司轿子山煤矿 CO_2 致裂增透技术试验考察研究科学技术报告”获 2018 年度煤炭行业（部级）优秀工程咨询成果三等奖。

三　未来及展望

（1）持续深入推进公司制的管理和运行模式，细化各类管理制度，从质量上、进度上规范项目管理，充分调动职工科技创新的积极性。

（2）横纵结合、院企联手，加强合作。尝试“走出去”，改变以往的“等活上门”业务方式，加强与企业、管理部门等的联系和交流，在与企业达成长期合作上下功夫。另外，在发展横向咨询、服务业务的同时，也要重视高精尖的科学研究和前瞻性的基础性研究；加强公司在全省煤矿瓦斯治理技术、矿井智能化机械化建设、能源大数据等领域科技创新；提高科研水平，将两个工程中心、高新技术企业平台利用好，多与其他兄弟院所、高校加强合作、交流，加强对企业中青年人才的培养。

（3）加快“薄煤层瓦斯、水体等危险区域智能识别技术”、“瓦斯、水体等危险区域智能识别技术研究与应用”和“突出危险薄煤层安全开采技术及开采设计方案研究”科研项目实施进度，争取在2020年前完成项目验收。

（4）加快“贵州省智能化矿井运维平台建设”科研项目，在贵州省煤矿智能机械化升级改造、以贵州省煤矿信息采集平台和煤矿智能化系统运行数据上传系统为基础，打造出智能化机械化运维服务平台。完善能源大数据板块建设。

（5）争取矿山环境保护、防治水、煤矿智能设备、选煤设备等方面在科技厅立项，开展新材料、新设备的科研攻关。

B.16

贵州开磷控股（集团）有限责任公司社会责任发展报告

赵燕燕*

一 企业简介

贵州开磷控股（集团）有限责任公司成立于1958年，是一家集矿业、磷化工、煤化工、氯碱化工、氟硅碘化工、贸易物流、建设建材、物业服务等多元产业为一体的现代化大型企业集团，是国家第二个五年计划期间重点建设的全国三大磷矿石生产基地之一，季戊四醇生产能力位居行业第一；高浓度磷肥供应能力位居国内第二。未来，开磷将依托已经形成的多元产业平台，进一步向磷、煤精细化工产业延伸，向氟化工、硅化工产业拓展，把开磷集团建设成为低投入、高产出、低能耗、能循环、聚集效应突出、配套设施完善、生态环境优美、产业结构特征明显、比较优势突出的国内一流、国际领先的磷及磷化工先锋企业集团。

二 科技创新成效

2018年，开磷集团完善科技创新激励体制机制，加大科技创新投入，

* 赵燕燕，贵州省社会科学院党建研究所助理研究员，研究方向为中国特色社会主义与党的建设。

注重科技创新成果转化及项目申请，积极推动两化融合，加强知识产权保护，科技创新取得显著成效。开磷通过中国石化联合会对科技创新示范企业的复审，连续10年获得石化联合会科技创新示范企业。

（一）制定实施一系列科技创新激励机制

开磷集团为激励和留住人才，制定并实施了《贵州开磷控股集团关于实施科技兴企战略加强人才队伍建设的指导意见》《集团公司科技奖励办法》和《集团公司科技奖励办法实施细则》《贵州开磷控股（集团）有限责任公司知识产权管理办法》等一系列政策，2018年从重庆大学引进全日制材料学博士一名，从事磷镁高性能新材料的研制工作，任职磷镁材料公司的总工程师。柔性引进了重庆大学的钱觉时教授，为磷镁材料产业发展提供人才队伍保障。共青团在青年科技人员和工人中围绕技术创新、安全创新、管理创新等方面开展了青工创新活动，建立了一套完整的申报、评价和激励机制，2018年共申报42项，评出优秀19项，引导广大职工在生产经营活动中立足岗位、敬业奉献，在开磷转型升级发展中取得良好效果。

（二）加大科技创新资金投入

2018年，贵州开磷控股（集团）投资约1.42亿元进行36项科技项目研发，预计占企业销售收入的1%左右，与上年同期1.28亿元相比，略有增加。研发范围涵盖矿业开发、磷化工、煤化工、磷矿伴生资源综合利用、“三废”资源综合利用等领域。

（三）注重科技成果转化

科技成果转化项目“磷镁高效胶凝材料”，开磷集团投入资金约3000万元，其中900万元为2018年贵州省工业和信息化发展专项资金计划第二批技术创新项目立项资助。项目主要是对磷镁材料形成规模化生产和大量、广泛应用。通过对磷镁材料的生产和应用研究，开发出多种多样的、适应市场需求的、满足建设要求的产品，包括开发磷酸镁水泥、修补砂浆、自流平砂浆、注浆料、锚固剂、防腐防火材料等产品。目前主体工程完工，9 月生产线投入试生产，当前工艺满足磷镁材料的生产需要。为集团公司实体经济发展提供了技术支撑，培育了新的经济增长点。

（四）重视行业项目申请研究

和贵州大学联合申请“硫包衣缓控释复合肥制备中试技术研究”项目获贵州省 2018 年科技计划项目，得到 50 万元资金支持。目前按任务书进度已完成实验室实验研究工作、完成设备改造，开始中试实验。“流程工业大数据应用研究与示范”项目是 2016 年贵州省科技计划项目，按任务书计划 2018 年已完成大部分的数据搜集工作，同时生产现场部分实时数据及画面已经展示到贵阳总部，初步建立数学模型并开展相关的测试工作。“NPK + 新型高效水溶肥制备技术研究”是 2016 年贵州省科技计划项目，按任务书计划 2018 年结题，技术指标及社会效益全部如期实现，建成 3000 吨/年的 NPK + 新型高效水溶性肥制备示范装置；试产水溶性肥达标、达产。申请相关发明专利百余件，授权 22 件，圆满完成全部研究任务。2018 年开磷集团股份公司被授予贵州省品牌培育试点企业。

（五）大力推进“两化融合”

随着互联网技术的深度应用，移动技术、云计算技术的突破，信息爆炸的时代已经来临，加快企业工业化和信息化深度融合，实施数字化、网络化、智能化、绿色发展已成为企业发展趋势。开磷集团在数字化、智能化矿山方面国内首屈一指。综合运用虚拟现实、计算机网络与通信、数据库等技术对矿山生产过程进行信息化建设，对矿山生产过程产生的各种信息进行动态监测与集聚、存储与处理、深层融合与挖掘、综合管理与传输分发，形成海量、多样化的交互数据和传感数据，实现生产开采数字化、生产系统智能化、矿山管理信息化，建立适合于全矿主要职能部门的专业应用模型库及其相应的应用系统，使矿山生产呈现安全、高效、低耗的局面。开磷互联网综合服务平台以开磷化肥销售业务为纽带，实现对现有销售管理的网络化管理优化，通过 B2B 及 B2C 电子商务模式的建立，将传统的线下营销模式转为线上营销模式，全面实现营销模式的转型升级；同时，平台的建设搭建，为开磷控股公司通过与第三方互联网金融服务公司的合作，实现 P2P 融资模式奠定基础，为开磷控股公司实现资产经营创造条件，是开磷销售模式及融资渠道的创新，开磷集团被贵州省经济和信息化委员会批准为 2017 年第一批“大数据 + 工业”深度融合试点示范企业。

（六）加强知识产权专利申请保护

开磷集团拥有国家级企业技术中心、国地联合工程研究中心、省级工程研究中心等创新研发平台，各机构围绕集团公司实体经济发展和技术改造，充分挖掘具有自身特色的专有技术，预计完成专利申请 140 件（其中发明专利占 40% 以上），获得授权专利 130 件左右。目前，集团公司累计申请专利 1076 件，拥有授权专利 607 件。形成了支撑开磷集团实体经济发展的核心技术。经单位申报、省局推荐，开磷获得国家知识产权优势企业，开磷集团 10 家企业通过知识产权体系认证，获体系认证证书。

（七）开拓新材料利用途径

开磷集团以积极开拓新的磷资源利用途径，发现了新型特种胶凝材——磷酸镁水泥。磷酸镁水泥应用途径广泛，包含作为混凝土结构快速修复加固材料、油井密封材料、核废料固化和应急处置以及生物水泥，特别在混凝土结构快速修复与加固领域受到广泛关注（锚固剂、快速修补砂浆、注浆料等），近年来开始用于道路、桥梁及民用建筑等工程的超快速修补和加固，相比其他现有修补增强材料，磷酸镁水泥具有明显的性能优势。目前，5 万吨/年磷镁基特种预拌砂浆技改项目主体工程完成，9 月份生产线投入试生产，当前工艺满足磷镁材料的生产需要。

三　下一步工作打算

（一）加强创新工作的引领作用

开磷应着眼于建设创新型企业，加快体制机制改革，优化企业生产生活环境，营造优良的文化氛围，在科技创新组织部署上加强统筹协调，推动形成大众创业、万众创新的良性互动机制。依托磷镁材料等新项目培育新的经济增长点，力争以项目纽带引进相关专业技术人才，为加快实现科技成果的转化创造条件，支撑贵州省新兴产业迅猛发展。大力推动科技创新项目的成果转化，充分发挥科技创新的产业带动作用，开辟新的产业发展方向和重点领域、培育新的经济增长点，把重要的科技创新摆在更加突出的地位。

（二）推动产学研相结合

围绕集团公司脱困方案，加强产、学、研、用相结合，按照科研、教育、生产的不同社会分工在功能与资源优势上的协同集成化，推动集团技术创新各阶段的对接和耦合，实现磷石膏的全面综合利用，助推企业健康发展，加强与省市相关业务主管部门的沟通协作，积极争取相关领域的政策支持。

（三）推进互联网、大数据等新技术与传统企业深度融合

进一步做好“开磷互联网综合服务平台”运行与升级迭代工作，2019 年开磷互联网综合服务平台进入到稳定运行状态，运行过程中的稳定性与安全性将是重要的工作内容，一方面要通过技术措施来保障系统物理层面的安全性、可靠性；另一方面要通过强化管理，用平台的业务运行规则来规范和统一业务流程，实现管控用协调一致，将效率最大化。大数据中心在承担平台运行管理过程中要充分发挥好主观能动性，做好保障工作。探索能为行业提供具有普遍性的业务平台。进一步完善平台销售业务相关报表及销售大数据多维度智能分析预测功能；逐步推进实现互联网综合服务平台的“平台”功能，将可以关联的业务功能纳入平台，切实将平台功能进行延展，实现稳步推进；逐步推进实现基于平台销售业务大数据的开磷管控大数据，实现“产、运、销”“进、销、存”等全集团全业务平台对接，形成开磷全方位的管控大数据平台。结合国家对金融产品的管控和华创团队在金融领域的既有优势，继续推进基于平台的供应链金融产品的开发实施，降低企业融资成本。

（四）积极开展数据中心建设

进一步做好集团大数据中心、矿肥基地、磷煤化基地的数据中心建设工作，确保如期见成效。对采集到的数据点做好过滤、筛分，完善园区各单位的自动控制网络的网络规划，规划 SCADA、开磷互联网综合服务平台、管控一体化系统、金蝶 EAS 财务系统、人力资源系统、矿山管理人员定位系统等管理性的系统平台的数据收集，全力推进贵州省大数据发展管理局倡导的“千企改造”工程大数据专项行动工作，牵头完成“智能工厂”及“智能矿山”项目，完成集团总部的信息化系统集成，力争年内实现矿肥基地数据中心的建设。

专 题 篇

Special Report

B.17

贵州国有企业履行社会责任动态分析（2014～2018）

周芳苓　杨春香　雷陈陈*

摘　要： 在全面夺取脱贫攻坚根本性胜利的形势下，通过对贵州国有企业履行社会责任动态过程的客观考察，科学审视国有企业履行社会责任的基本形态及特征，并由此分析和预断国有企业履行社会责任的未来趋势。调研发现，2014～2018年，贵州国有企业在履行社会责任上大体经历了"从无到有""从量到质""从被动到主动"的变化过程，并在扶贫帮困、生态建设、公共

* 周芳苓，贵州民族大学社会学博士生，贵州省社会科学院研究员、硕士生导师，研究方向为应用社会学、民族地区社会工作；杨春香，贵州民族大学社会学与公共管理学院2017级硕士研究生，研究方向为社会学；雷陈陈，贵州民族大学社会学与公共管理学院2018级硕士研究生，研究方向为社会学。

服务等领域做了大量富有成效的工作，同时也面临着对履行社会责任“认知不足”“差异过大”“专职性差”的现实困境。从未来趋势看，贵州国有企业应继续紧跟时代，不忘初心，牢记使命，秉承“大企业、大责任、大担当”的社会责任感，在聚力夺取脱贫攻坚全面胜利的战略行动中奋发有为。

关键词： 国有企业 履行社会责任 动态分析

2018 年是贵州贯彻党的十九大精神的开局之年，是改革开放 40 周年，是决战脱贫攻坚、决胜同步小康、实施“十三五”规划至关重要的一年，也是我国进入新时代的第一年。在这一重要的时刻，贵州国有企业积极融入一项项重大民生工程的建设中，并在扶贫帮困、环境保护、公共服务、慈善事业发展、科技创新推进等社会建设事业领域做出了应有的努力与贡献，较好地履行了国有企业的社会责任。在这里，为了更真实地了解贵州国有企业履行社会责任的状态，笔者利用 2014～2018 年“贵州省国有企业社会责任状况”抽样调查数据的比较分析，致力于全面反映贵州省国有企业履行社会责任的动态过程及趋势，最终为更好履行企业社会责任提供有益的参考与实证依据。需要强调的是，若无特殊说明，本研究中的分析数据均来自 2014～2018 年“贵州省国有企业社会责任状况”抽样调查数据，且仅仅代表国有企业样本的情况，而不具有整体推论的意义。

一 国有企业基本状况的变化

受经济社会发展的影响，贵州国有企业在主要指标上呈现自身的区域性特征。问卷调查显示，在企业注册资金方面，2014～2018 年贵州国有企业的注册资金分别为 94212.00 万元、1828763.19 万元、28625.20 万元、140212.67 万元（均值），介于 2 亿～183 亿元。在企业资产总额方面，2014～2018 年贵州国有企业的资产总额分别为 907785.53 万元、434293.42 万元、70845.43 万元、1634391.16 万元（均值），介于 7 亿～164 亿元。在企业员工人数方面，2014～2018 年贵州国有企业的员工人数分别为 2238.52 人、210.21 人、1052.99 人、5284.73 人（均值），介于 210 人～5300 人。在年度企业营业收入方面，2014～2017 年贵州国有企业的营业收入分别为 135665.66 万元、31768.90 万元和 42025.74 万元（均值），介于 3 亿～14 亿元。在年度企业净利润方面，2014～2017 年贵州国有企业的企业净利润分别为 2217.21 万元、722.14 万元和 2424.89 万元（均值），介于 700 万～2500 万元。在年度企业实缴税金方面，2014～2017 年贵州国有企业的实缴税金分别为 9437.94 万元、3034.60 万元和 2199.52 万元（均值），介于 2100 万～9500 万元。在年度企业研发经费方面，2014～2018 年贵州国有企业的企业研发经费分别为 3116.63 万元、35.81 万元、2428.24 万元、494542.93 万元（均值），介于 35 万～50 亿元。年度企业在社会公益事业和慈善捐款上的金额方面，2014～2018 年贵州国有企业的数据分别为 45.21 万元、138.55 万元、5.35 万元、2178.88 万元（均值），介于 5 万～2200 万元（见表 1）。

通过表 1 中的数据比较，可以进一步发现，贵州国有企业在相关指标上，主要呈现以下几大特征：第一，国有企业的发展态势尚不稳定，企业的整体发展质量仍不高；第二，国有企业年度实缴税金占年度净利润的比重过高，加重了企业的负担；第三，国有企业在年度社会公益事业和慈善捐款上的投入金额尚未形成常态化的结构，其占年度企业净利润的比例差异极大，少则不足 1 个百分点，多则达到近两成；等等。所有这些，在一定程度上会制约影响国有企业社会责任的履行状态及质量。

表1 贵州国有企业主要指标变化（2014～2018年）

单位：万元，人，项

国有企业指标 \ 基本状况	2014年	2016年	2017年	2018年
企业注册资金	94212.00	1828763.19	28625.20	140212.67
企业资产总额	907785.53	434293.42	70845.43	1634391.16
企业员工人数	2238.52	210.21	1052.99	5284.73
年度企业营业收入	135665.66	31768.90	42025.74	—
年度企业净利润	2217.21	722.14	2424.89	—
年度企业实缴税金	9437.94	3034.60	2199.52	—
年度企业研发经费	3116.63	35.81	2428.24	494542.93
年度企业在社会公益事业和慈善捐款上的金额	45.21	138.55	5.35	2178.88
本年企业已通过认证的项数	3.43	0.52	6.05	5.23
本年企业获得国家级荣誉的项数	2.58	6.00	5.21	12.00

注：2014～2018年（不包含2015年）国有企业的有效样本分别为75个、86个、198个和122个；“—”表示此处缺少该项指标值。

二 国有企业对社会责任认知的变化

事实表明，国有企业对社会责任认知水平的高低，从某种程度上影响着该企业履行社会责任的自觉性及实际水平；换句话说，国有企业对社会责任的认知水平越高，其自觉履行好企业社会责任的程度也就越高。问卷调查显示，2014～2018年被调查者对“企业社会责任”表示“了解”（包括“很了解”和“比较了解”）的比例分别为63.9%、64.7%、46.9%和52.0%；保持中立态度“一般”的比例依次为

33.3%、32.9%、47.4%和45.5%；而表示“不了解”（包括“不太了解”和“很不了解”）的比例分别为2.8%、2.4%、5.1%和0.8%。进一步看，同一调查结果还显示，被调查者对“企业社会责任”了解程度的“众值”分别为“比较了解”、“比较了解”、“一般”和“一般”，对应比例依次为50.0%、40.0%、47.4%和45.5%（见表2）。这说明，从整体上看，2014～2018年贵州国有企业对社会责任的认知水平整体上呈现波动式平衡下滑的趋势。显然，这一变化不利于今后国有企业更好地推动社会责任的履行，值得引起必要的重视。

表2 请问您对“企业社会责任”的了解程度如何

单位：%

了解程度＼基本状况	2014年	2016年	2017年	2018年
很了解	13.9	24.7	10.7	10.7
比较了解	50.0	40.0	36.2	41.3
一般	33.3	32.9	47.4	45.5
不太了解	2.8	2.4	4.6	0.8
很不了解	0.0	0.0	0.5	0.0
说不清楚	0.0	0.0	0.5	1.7
总计	100.0	100.0	100.0	100.0

注：2014～2018年（不包含2015年）国有企业的有效样本分别为75个、86个、198个和122个。

为了更准确地把握当前贵州省国有企业对社会责任的实际认知状态，本研究在调查问卷中专门设计了“您觉得‘企业社会责任’应该包括哪些方面的内容？”问题。问卷调查表明，被调查者对所列举的“九个选项”内容的选择除“其他”项外，基本保持相对平衡的态度倾向，其比例大体保持在10%左右。具体来看，2014年被调查国有企业表示“坚持诚实守信，确保企业产品货真价实的责任”“坚持科学发展，担负起增加税收和国家发展的使命”“坚持可持续发展，高度关注节约资源，改变经济增长方式，发展循环经济”“坚持保护环境，担当起维护自然和谐的重任”“支持公共服务建设，担当起发展医疗卫生、科技教育和文化建设的责任”“发展慈善事业，重视和承担起扶贫济困的责任”“维护职工权益，确保职工待遇和承担起保护职工生命、健康的责任”“推动科技创新，重视科技研发和引进技术的消化吸收，加大资金与人才的投入”等内容属于企业社会责任范畴的，其所占比例分别为14.0%、13.4%、13.6%、13.4%、10.2%、10.4%、13.2%和10.8%。到2018年时，被调查国有企业认为“坚持诚实守信，确保企业产品货真价实的责任”“坚持科学发展，担负起增加税收和国家发展的使命”“坚持可持续发展，高度关注节约资源，改变经济增长方式，发展循环经济”等八项内容属于企业社会责任范畴的，其所占比例依次为13.5%、12.1%、13.7%、13.5%、10.7%、11.3%、13.5%和11.8%（见表3）。

表3　您觉得“企业社会责任”应该包括哪些方面的内容

单位：次，%

基本状况 社会责任内容	2014年		2016年		2017年		2018年	
	频次	比例	频次	比例	频次	比例	频次	比例
坚持诚实守信，确保企业产品货真价实的责任	66	14.0	75	13.2	180	16.4	113	13.5
坚持科学发展，担负起增加税收和国家发展的使命	63	13.4	76	13.4	153	14.0	102	12.1
坚持可持续发展，高度关注节约资源，改变经济增长方式，发展循环经济	64	13.6	78	13.8	144	13.1	115	13.7
坚持保护环境，担当起维护自然和谐的重任	63	13.4	77	13.6	145	13.2	113	13.5

续表

基本状况 社会责任内容	2014年		2016年		2017年		2018年	
	频次	比例	频次	比例	频次	比例	频次	比例
支持公共服务建设，担当起发展医疗卫生、科技教育和文化建设的责任	48	10.2	60	10.6	105	9.6	90	10.7
发展慈善事业，重视和承担起扶贫济困的责任	49	10.4	60	10.6	111	10.1	95	11.3
维护职工权益，确保职工待遇和承担起保护职工生命、健康的责任	62	13.2	80	14.1	139	12.7	113	13.5
推动科技创新，重视科技研发和引进技术的消化吸收，加大资金与人才的投入	51	10.8	61	10.8	119	10.9	99	11.8
其他	5	1.1	0	0.0	0	0.0	0	0.0
总　计	471	100.0	567	100.0	1096	100.0	840	100.0

注：2014～2018年（不包含2015年）国有企业的有效样本分别为75个、86个、198个和122个。

值得关注的是，在现有“企业社会责任”认知的基础上，贵州国有企业又是如何体现自身“社会责任”理念的呢？问卷调查显示，2014～2018年被调查者对“基于自身的认识，贵企业是如何体现‘社会责任’理念的?”的“众值”均落在“企业发展战略中有社会责任的描述”之上，其选项所对应的比例分别为63.1%、55.6%、47.2%和40.3%；选择将“已制定社会责任目标、指标和管理方案”视为企业体现“社会责任”理念的比例保持一成左右，分别占10.8%、14.8%、15.4%和12.6%；选择将“有专门负责企业社会责任的办公室及主管”作为企业体现“社会责任”理念的方式，其所占比例分别是4.6%、7.4%、15.4%和20.2%；选择将“已编写发布社会责任报告”作为企业体现“社会责任”理念的方式，其所占比例分别是4.6%、1.2%、0.0%和24.4%；而认为“与利益相关方建立了有效的沟通机制”是企业体现“社会责任”理念的方式，其所占比例分别是10.8%、11.1%、22.0%和2.5%；此外，还有部分被调查者表示“其他”方式是企业体现“社会责任”理念的方式，其比例均低于一成（见表4）。这表明，2014～2018年贵州国有企业在体现“社会责任”理念的方式上，更多处于战略规划设计的描述性阶段，尚未整体上转变成为现实运作中的实践行动或项目，不利于未来国企履行社会责任的推进。

表4　贵企业体现“社会责任”理念的主要方式

单位：%

基本状况 社会责任理念的体现方式	2014年	2016年	2017年	2018年
企业发展战略中有社会责任的描述	63.1	55.6	47.2	40.3
已制定社会责任目标、指标和管理方案	10.8	14.8	15.4	12.6
有专门负责企业社会责任的办公室及主管	4.6	7.4	15.4	20.2
已编写发布社会责任报告	4.6	1.2	0.0	24.4
与利益相关方建立了有效的沟通机制	10.8	11.1	22.0	2.5
其　他	6.1	9.9	0.0	0.0
总　计	100.0	100.0	100.0	100.0

注：2014～2018年（不包含2015年）国有企业的有效样本分别为75个、86个、198个和122个。

三　国有企业履行社会责任的变化

履行好企业社会责任，一方面取决于国有企业的主体意识，另一方面取决于国有企业实质性开展有关社会性公益活动。问卷调查显示，2014～2018年期间被调查者对所列举的“九大选项”内容的选择倾向呈现相对集中的态势，并高度聚焦到“关爱职工”“环保与可持续发展宣传”“灾难救助”“扶贫济困”四项行动之上，其单项比例基本保持15%以上。具体来看，2014年被调查者表示国有企业主要是通过开展“关爱职工”“环保与可持续发展宣传”“灾难救助”“扶贫济困”“支持教育”“促进社会创新”“助推社群发展”“文化扶贫”等社会公益工作或活动，来履行自身的企业社会责任的，其所占比例由高到低分别是25.1%、22.0%、18.3%、15.2%、6.8%、4.2%、4.2%和3.7%。到2018年时，被调查国有企业则表示自身主要是通过开展“环保与可持续发展宣传”“扶贫济困”“关爱职工”“灾难救助”“支持教育”“文化扶贫”“促进社会创新”“助推社群发展”等社会公益工作或活动，来履行自身的企业社会责任的，其所占比例由高到低分别是27.5%、26.1%、15.0%、11.4%、9.7%、5.0%、3.1%和1.7%（见表5）。

表5　为履行好企业社会责任，贵企业主要开展哪些方面的社会公益工作或活动？

单位：次，%

基本状况 / 社会公益工作或活动	2014年		2016年		2017年		2018年	
	频次	比例	频次	比例	频次	比例	频次	比例
环保与可持续发展宣传	42	22.0	45	18.0	131	22.4	99	27.5
灾难救助	35	18.3	34	13.6	115	19.7	41	11.4
支持教育	13	6.8	14	5.6	75	12.8	35	9.7
扶贫济困	29	15.2	50	20.0	86	14.7	94	26.1
促进社会创新	8	4.2	13	5.2	29	5.0	11	3.1
助推社群发展	8	4.2	9	3.6	37	6.3	6	1.7
文化扶贫	7	3.7	15	6.0	18	3.1	18	5.0
关爱职工	48	25.1	70	28.0	94	16.1	54	15.0
其　他	1	0.5	0	0.0	0	0.0	2	0.6
总　计	191	100.0	250	100.0	585	100.0	360	100.0

注：2014～2018年（不包含2015年）国有企业的有效样本分别为75个、86个、198个和122个。

不难看出，为履行好企业社会责任，2014～2018 年贵州国有企业开展的社会公益工作或活动是较集中的，也是相对聚焦的，并稳定地落在“关爱职工”“环保与可持续发展宣传”“灾难救助”“扶贫济困”四项活动上，其累计比例均超过七成，分别高达 80.6%、79.6%、72.9%和 80.0%。

在生态责任方面，贵州国有企业的履行表现又如何？有何特点？调研发现，2014～2018 年，贵州国有企业在“履行生态责任”的主要形式上，具有高度的一致性选择，其显居前三位的均为“增强企业生态意识，加强企业生态文化建设”“模范遵守法律，切实履行生态责任”和“实行绿色生产”，三者所占比例之和依次高达 87.2%、82.7%、91.1%和 84.0%。具体来看，问卷统计显示，按照比例高低排序，2014 年国有企业履行生态责任的主要形式分别是“增强企业生态意识，加强企业生态文化建设”“模范遵守法律，切实履行生态责任”“实行绿色生产”“开发绿色产品”“开展绿色营销”“其他”“采用绿色包装”，所占比例依次为 34.0%、33.5%、19.7%、5.3%、3.7%、2.1%和 1.6%；2016 年国有企业履行生态责任的主要形式分别是“增强企业生态意识，加强企业生态文化建设”“模范遵守法律，切实履行生态责任”“实行绿色生产”“开展绿色营销”“开发绿色产品”“采用绿色包装”“其他”，所占比例依次为 34.2%、32.5%、16.0%、9.7%、3.4%、2.1%和 2.1%；2017 年国有企业履行生态责任的主要形式分别是“增强企业生态意识，加强企业生态文化建设”“模范遵守法律，切实履行生态责任”“实行绿色生产”“开发绿色产品”“采用绿色包装”“开展绿色营销”，所占比例依次为 31.8%、31.6%、27.7%、3.8%、2.6%和 2.6%；2018 年国有企业履行生态责任的主要形式分别是“增强企业生态意识，加强企业生态文化建设”“模范遵守法律，切实履行生态责任”“实行绿色生产”“开发绿色产品”“开展绿色营销”“采用绿色包装”，所占比例依次为 31.9%、26.9%、25.2%、8.7%、3.9% 和 3.4%（见表6）。

表 6 请问贵企业是如何履行生态责任的

单位：次，%

履行生态责任 \ 基本状况	2014 年		2016 年		2017 年		2018 年	
	频次	比例	频次	比例	频次	比例	频次	比例
增强企业生态意识，加强企业生态文化建设	64	34.0	81	34.2	185	31.8	114	31.9
模范遵守法律，切实履行生态责任	63	33.5	77	32.5	184	31.6	96	26.9
实行绿色生产	37	19.7	38	16.0	161	27.7	90	25.2
开发绿色产品	10	5.3	8	3.4	22	3.8	31	8.7
采用绿色包装	3	1.6	5	2.1	15	2.6	12	3.4
开展绿色营销	7	3.7	23	9.7	15	2.6	14	3.9
其　他	4	2.1	5	2.1	0	0.0	0	0.0
总　计	188	100.0	237	100.0	582	100.0	357	100.0

注：2014～2018 年（不包含 2015 年）国有企业的有效样本分别为 75 个、86 个、198 个和 122 个。

四　国有企业扶贫帮困状况的变化

长期以来，扶贫帮困已成为国有企业履行社会责任的重要内容及有机组成部分。当前，贵州国有企业开展“扶贫帮困”的方式多种多样，既有产业扶贫、项目扶贫、就业扶贫，又有教育扶贫、技能技术扶贫，还有救济式扶贫。

具体来看，贵州国有企业开展“扶贫帮困”的主要方式又集中在哪些方面呢？问卷调查显示，2016 年在贵州国有企业开展“扶贫帮困”的主要方式中，居于前四位的分别是“救济式扶贫”“项目扶贫”“教育扶贫”“产业扶贫”，所占比例依次为29.6%、19.0%、16.2%和15.6%；2017年在贵州国有企业开展“扶贫帮困”的主要方式中，居于前四位的分别是“教育扶贫”“救济式扶贫”“项目扶贫”“技能（技术）扶贫”，所占比例依次为25.5%、24.0%、15.5%和12.4%；2018年在贵州国有企业开展“扶贫帮困”的主要方式中，居于前四位的分别是“产业扶贫”“项目扶贫”“教育扶贫”“救济式扶贫”，所占比例依次为29.6%、21.8%、17.2%和14.1%（见表7）。不难看出，2016～2018年，“项目扶贫”“教育扶贫”“救济式扶贫”三类方式，成为贵州国有企业开展扶贫帮困工作的主要选择，也成为贵州国有企业履行社会责任的主要载体，其比例之和均超过半数，分别占64.8%、65.0%和53.1%。

表7 在本年度，贵企业开展“扶贫帮困”的主要方式

单位：次，%

基本状况 / 主要方式	2016年		2017年		2018年	
	频次	比例	频次	比例	频次	比例
救济式扶贫	53	29.6	110	24.0	49	14.1
教育扶贫	29	16.2	117	25.5	60	17.2
产业扶贫	28	15.6	42	9.2	103	29.6
技能(技术)扶贫	13	7.3	57	12.4	25	7.2
项目扶贫	34	19.0	71	15.5	76	21.8
就业扶贫	13	7.3	35	7.6	33	9.5
其　他	9	5.0	26	5.7	2	0.6
总　计	179	100.0	458	100.0	348	100.0

注：2016～2018年国有企业的有效样本分别为79个、194个和114个。

进一步看，当前贵州国有企业开展扶贫工作又主要是由哪个部门负责的呢？同一调查显示，贵州国有企业在开展扶贫工作时，主要是由企业的党政部门负责的，其比例超过四成，其中2016年、2017年、2018年分别为63.3%、66.0%和40.4%（见表8）。这表明，从总体上看，当前贵州省国有企业开展扶贫工作的专职性仍不够，即便贵州脱贫攻坚进入决战决胜的特定阶段，“专门的企业扶贫小组（或者办公室）”所占的比例也尚未过半（49.1%），最低时不到一成。

表8　目前，贵企业扶贫工作主要是由哪个部门负责的

单位：次，%

基本状况 / 主要负责部门	2016年		2017年		2018年	
	频次	比例	频次	比例	频次	比例
专门的企业扶贫小组（或者办公室）	15	19.0	12	6.2	56	49.1
党政部门（如党政办公室）	50	63.3	128	66.0	46	40.4
群团部门（如团委、工会等）	10	12.7	50	25.8	9	7.9
其　他	4	5.1	4	2.1	3	2.6
总　计	79	100.0	194	100.0	114	100.0

注：2016～2018年国有企业的有效样本分别为79个、194个和114个。

从扶贫帮困资金投入上看，问卷调查显示，2016年贵州国有企业用于“扶贫帮困”的资金总额为105644.19元（均值），标准差为242121.338，其中最小值为0元，最大值为1242800.00元；2017年贵州国有企业用于“扶贫帮困”的资金总额为88500.08元（均值），标准差为101390.685，其中最小值为0元，最大值为800000.00元；2018年贵州国有企业用于“扶贫帮困”的资金总额为12407909.68元（均值），标准差为21978618.017，其中最小值为0元，最大值为1.5×10^8元（见表9）。由此可见，贵州国有企业用于“扶贫帮困”的资金投入规模整体上有所扩大，但各年度之间差异极大，呈现少则几万元、多则上千万元的状态，尚未形成常态化的稳定投入模式。

表9　本年度，贵企业用于“扶贫帮困”的资金总额是多少元

单位：个，元

扶贫帮困的资金总额 \ 基本状况	2016 年	2017 年	2018 年
有效样本	69	66	45
缺失值	17	132	77
均　　值	105644. 19	88500. 08	12407909. 68
中　　值	20000. 00	100000. 00	10000000. 00
众　　值	0	100000. 00	10000000. 00
标准差	242121. 338	101390. 685	21978618. 017
方　　差	5.862×10^{10}	1.028×10^{10}	4.831×10^{14}
最小值	0	0	0
最大值	1242800. 00	800000. 00	1.50×10^{8}
总　　和	7289449. 00	5841005. 00	5.58×10^{8}

注：2016～2018 年国有企业的有效样本分别为 79 个、194 个和 114 个。“0”表示此处企业没有投入资金。

五　研究结论与未来趋势

改革开放以来尤其是“十三五”以来，伴随着贵州经济社会的转型发展，贵州国有企业也相应地发生了巨大转变。在这一过程中，国有企业除了履行自身在经济建设上的职能外，也承担着越来越多的社会建设功能，而履行社会责任便是其中的社会性职能之一。从总体上看，贵州国有企业在履行社会责任上大体经历了“从无到有”“从被动到自觉”“从形式到内容”的变迁过程，并在扶贫帮困、生态建设、公共服务、科技创新、可持续发展等领域做了大量富有成效的工作，呈现“社会化”“常态化”“规范化”的特征，充分彰显了“大企业大担当”的新时代气息。但是，贵州国有企业也面临着对社会责任认知不足、履行社会责任缺乏创新、开展扶贫帮困专职性较差等方面的现实挑战。

新时代意味着新担当，奋力开创百姓富生态美的多彩贵州新未来，既是全省各族人民的共同目标与任务，也是贵州国有企业应有的责任与担当。正如“大企业承担大责任”的社会责任观一样，全省国有企业在新时代理应也能够大有作为。今后，贵州各国有企业之间如何克服不同行业、不同领域、不同规模、不同发展阶段所造成的差异化困局，需要彼此之间取长补短，各尽所能，紧紧围绕新时代新目标，协同发力，致力于打赢全省脱贫攻坚战，全面增进民生福祉，不断实现人民群众对美好生活的追求；同时，牢牢守好生态底线，致力于打造多彩贵州公园省，这是全省奋力开创百姓富生态美新未来的有机组成部分。具体而言，在打赢脱贫攻坚战方面，贵州国有企业要始终与党中央保持一致，并紧紧结合省委、省政府的重要决策与部署，自觉融入坚决打赢脱贫攻坚战、全面同步建成小康社会的伟大事业中去。在提升生态文明建设方面，贵州国有企业则要始终坚持以习近平总书记对贵州生态建设的指示为核心要义，以守好生态底线作为企业战略行动的重要决策依据，以开创生态美的多彩贵州新未来作为主要奋斗目标，致力于全程参与到生态文明建设这一项宏伟工程之中去。

从未来趋势看，只要国有企业履行社会责任的指导思想、基本要求、发展目标明确了、锁定了，我们有理由相信贵州国有企业在深入贯彻习近平总书记系列重要讲话精神、牢牢守住发展和生态两条底线和全力协同推进大扶贫、大数据、大生态三大战略行动过程中，定能大有可为，成为新时代经济社会发展中一支不可或缺的重要力量。

大 事 记

Memorabilia

B.18
2018年贵州国有企业社会责任大事记

贾梦嫣*

1月9日 由贵州盘江民爆有限公司与长春汇维科技股份有限公司联合研制的DDNP起爆药自动化生产工艺及装备通过了由工信部组织的科技成果鉴定。专家委员会经讨论认为该项目研创了DDNP起爆药全自动化生产，提高了产品质量稳定性、生产效率和本质安全，自动化生产工艺及装备总体技术达到国际先进水平，其中DDNP起爆药自动化装备达到国际领先水平。

1月12日 全省经济和信息化工作会议在贵阳召开。会议提出，近五年来，贵州工业改革创新成效显著，绿色发展水平提高，坚持生态优先、绿色发展理念，大力构建资源节约型环境友好型工业体系，

* 贾梦嫣，贵州省社会科学院法律研究社副研究员，研究方向为法学、民商法。

能源资源消耗强度大幅下降，可持续发展能力显著增强。会议从促进稳增长、实施“双千工程”、构建工业“四梁八柱”、促进“万企融合”、着力推进创新质量“双轮驱动”、实施工业绿色制造行动、全面加强党的建设方面提出2018年工作要求。会上，还向2017年国家级小型微型企业创业创新示范基地及省级企业技术中心、技术创新示范企业、产学研结合示范基地授牌。

1月16日 第四届全国石油和化工行业新闻宣传会议在北京召开，对新闻优秀作品、先进单位和十佳个人进行表彰，开磷控股集团荣获全国石油和化工行业新闻宣传先进单位。

1月23日 全国绿色勘查项目研讨会在北京召开，西南能矿集团作为全国绿色勘查项目两家示范单位之一作交流发言。

2月 贵州开磷集团股份有限公司与中南大学合作完成的“磷矿及磷化工废料综合利用方法与关键技术研究”获得2017年度中国循环经济协会科学技术一等奖。

2月6日 2018年全省国防科技工业工作座谈会在贵阳召开。会议提出，2018年是“两个一百年”奋斗目标的历史交汇期，是实施“中国制造2025”的攻坚期，要大力实施“工业强省”战略，守好发展和生态两条底线，以供给侧结构性改革为主线，聚焦大扶贫、大数据、大生态“三大战略”，进一步增强动力、激发活力，努力开创新时代贵州国防科技工业发展新局面。

3月7日 2018年（第五届）国际化肥产业链峰会颁奖典礼举行，开磷控股集团荣获“2017年中国十佳化肥诚信供应商”“2017年中国磷矿石诚信供应商”称号。

3月9日 由中共贵州省委宣传部、贵州省文学艺术界联合会联合举办的贵州省第十三届“新长征”职工文艺创作评奖活动落下帷幕，西南能矿集团公司等单位职工获奖。

3月20日 中国酒业营销“金爵奖”2016～2017年度获奖名单

揭晓，茅台酱香系列酒的“茅台酱香·万家共享”营销案例荣获“中国酒业营销金爵奖年度案例奖”。

3月26日 WPP传播集团与北京华通明略信息咨询有限公司共同发布“BrandZ™2018最具价值中国品牌100强”排行榜，“贵州茅台”品牌上榜。

3月29日 2018年全国企业管理创新大会在北京召开。会议以“以管理创新促进企业高质量发展”为主题，就贯彻落实党的十九大精神、企业如何通过创新管理实现高质量发展等问题进行经验交流和探讨。西南能矿集团股份有限公司“能矿企业以国内一流为目标的‘四个文化’建设管理”、瓮福（集团）有限责任公司瓮福化工公司“以两化融合为导向的生产管理信息化建设”等成果获奖。

4月2日 中国企业联合会、中国企业家协会发布2017年企业信用评价结果，开磷控股（集团）有限责任公司获评企业信用AAA级企业。

4月19日 国家税务总局在官网中公布2017年度全国“纳税信用A级”企业名单，瓮福（集团）有限责任公司及集团下属瓮福紫金化工股份有限公司、贵州瓮福蓝天氟化工股份有限公司、瓮福集团农资有限责任公司、瓮福国际贸易股份有限公司等单位入选。

5月8日 贵州省首个食品安全“明厨亮灶”工程实训示范基地正式落户贵州饭店酒店管理有限公司。

6月5日 云上贵州大数据产业发展有限公司与贵州省青少年发展基金会签署协议，设立首支大数据相关专业专项奖学金——“云上贵州格致奖学金”，共同推进大数据人才培养。根据约定，云上贵州公司每年向贵州省青少年发展基金会捐赠不低于10万元注入“云上贵州格致奖学金”，省青少年发展基金会严格按照要求将资金用于资助贵州省内二本及以上高校的大数据、数据科学与大数据技术、物联网、软件工程、信息安全、空间信息与数字技术、电子信息科学与技术、通信工程、电子信息工程、网络工程、信息管理与信息系统等相关专业的全日制硕士研究生和全日制本科生。

6月5~6日 以“责任新时代·引领新未来”为主题的第十三届中国企业社会责任国际论坛在北京召开，论坛同时发布2017“金蜜蜂企业社会责任·中国榜”。云上贵州大数据产业发展有限公司等58家企业上榜。本活动由《WTO经济导刊》与欧洲企业社会责任协会、日本企业市民协议会（CBCC）联合主办，自2005年起已经举办十二届，论坛延续以往专业化、国际化、价值化特色，紧扣时代脉络，分享了全球CSR的最新趋势，探讨了社会责任热点议题。

6月20日 由中国轻工业联合会主办、中国轻工业信息中心承办的“让人民生活更美好”中国轻工业百强企业高峰论坛在北京举行。论坛发布“2017年中国轻工业食品企业50强”榜单，贵州茅台位列榜首。

6月28日 茅台集团公司在北京2018中国工业行业企业社会责任报告发布会上发布《2017年社会责任报告》，这是集团公司连续发布的第10份社会责任报告。

7月23日 “大江奔流——来自长江经济带的报道”采访团，到茅台集团采访调研。此次大型采访活动由中宣部组织，从7月20日开始，至8月18日结束。人民日报社、新华社、中央电视台等10家中央新闻单位，以及沿线十一个省市的重要新闻媒体，顺长江流域深入采访，对长江经济带各领域的发展变化作全景式报道，以深入宣传习近平总书记关于推动长江经济带发展的战略思想。

8月8日 以“引领高质量·推动新跨越”为主题的2018年贵州质量发展大会召开，会议颁发第二届贵州省“省长质量奖”“省长质量奖提名奖”。贵州安大航空锻造有限责任公司、贵州航天电器股份有限公司等单位获奖。

8月22日 “2018年中国石油和化工企业500强发布会暨创新

与引领——中国石油和化工大企业高峰论坛”在上海召开，论坛发布2017年度中国石油和化工企业500强榜单，开磷集团连续14年上榜。

8月25日 “国酒茅台·国之栋梁——希望工程圆梦行动2018脱贫攻坚公益计划”新闻发布会暨助学金发放仪式在四川举行。为响应习近平总书记脱贫攻坚的号召，茅台集团2018年捐赠1亿元用于资助建档立卡贫困家庭大学新生，同时，把资助重点向“三区三州”地区倾斜，贵州也将有一万名学子受到资助。

8月31日 全省工业经济高质量发展座谈会在贵阳召开，会议通报了全省工业经济运行情况。

9月13日 国家技术标准创新基地（贵州大数据）揭牌成立，这是继2017年2月在全国率先组建大数据标准化技术委员会后，贵州省在抢占大数据标准化“制高点”上的又一重大举措。为高站位、高标准打造大数据技术标准创新基地，省质监局经调研论证、研究比选，决定由云上贵州大数据（集团）有限公司作为创新基地牵头承担单位，按照“1+1+N”组织模式进行筹建。

9月13日 中华全国总工会发布《关于表彰全国模范职工之家全国模范职工小家全国优秀工会工作者和命名全国优秀工会积极分子全国优秀工会之友的决定》，茅台集团工会荣获“全国模范职工之家”称号。

10月15日 贵州省工业及省属国有企业绿色发展基金启动会在贵阳召开。经省人民政府批复同意，省经信委会同省发改委、省财政厅联合印发《贵州省工业及省属国有企业绿色发展基金方案》，组建贵州省工业及省属国有企业绿色发展基金，进一步推进实体经济发展，做强做优做大企业，夯实工业发展基础。初步设立基金总规模为300亿元。基金以“政府引导、政策指导、市场运作、风险可控”为原则，由省财政工业专项资金、省属国有企业资金整合出资、社会资本定向募集三部分组成。标志着全省工业和国资领域创新财政资金使用、全力助推工业经济高质量发展迈出关键步伐。

10月17日 全国煤炭工业先进集体、劳动模范和先进工作者表彰大会在北京举行。盘江煤电集团2个先进集体，4名劳动模范获表彰。

11月10日 贵州省省经济和信息化委发布2018年推动大数据与工业深度融合发展工业互联网优秀案例。中航贵州飞机有限责任公司“智能化能耗管理系统”、贵州开磷集团股份有限公司“磷化工全流程工业互联网集成应用”、贵阳工业投资（集团）有限公司“贵阳市特定行业工业互联网标识解析二级节点”等案例上榜。本次案例主要包括大数据产业融合、工业互联网发展应用两大类，旨在引导和鼓励企业加速向数字化、网络化、智能化转型发展，为应用新一代信息技术推动企业实现降本、提质和增效提供参考范例，为地方工信部门在推动大数据与工业深度融合方面提供借鉴和参考。

11月21日 工业和信息化部发布《关于公布第二批国家工业遗产名单的通告》，茅台酒酿酒作坊在列。本次入选的茅台酒酿酒作坊核心物项包括“成义”烧房烤酒房旧址、“荣和”烧房干曲仓旧址、踩曲房旧址、烤酒房旧址、“恒兴”烧房烤酒房旧址、制曲一片区发酵仓、制曲二片区踩曲房、发酵仓、制曲二片区石磨坊、干曲仓、勾贮车间下酒库第五栋酒库、第八栋酒库。

11月22日 由贵州省工业与知识经济联合会、省质量管理协会联合举办的2018贵州省企业社会责任报告发布会在兴义市举行。中国航发贵州黎阳航空动力有限公司、贵州电网有限责任公司、贵州高速公路集团有限公司、贵州乌江水电开发有限公司、贵州建工集团有限公司、贵州盐业（集团）有限责任公司、贵州省农村信用社联合社、贵州银行股份有限公司、贵阳银行股份有限公司、贵州信邦制药股份有限公司、贵州锦丰矿业有限公司、贵州醇酒业有限公司等35

户企业在会上进行纸质报告文本交流。茅台集团有限公司等企业通过全国会议渠道、企业网站和其他媒体发布了企业社会责任报告。

12 月 9 日 第五届中国工业大奖发布会在北京举行，贵州茅台酒股份有限公司获中国工业大奖企业表彰奖，贵州詹阳动力重工有限公司履带式全地形工程车获工业大奖项目表彰奖，贵州钢绳股份有限公司获中国工业大奖企业提名奖。中国工业大奖是在 2004 年经国务院批准设立的我国工业领域最高奖项，包括“中国工业大奖”“中国工业大奖表彰奖”和“中国工业大奖提名奖”三个层次奖项，每三年评选、表彰一次。根据《中国工业大奖实施管理办法》，经过企业自愿申报、行业协会受理、行业专家评审、综合部门评审、审定委员会审议、征求国家相关部门意见、向社会公示、上报国务院等环节，今年授予 12 家企业、11 个项目中国工业大奖，授予 20 家企业、16 个项目中国工业大奖表彰奖，授予 14 家企业、10 个项目中国工业大奖提名奖。

12 月 29 日 由中共贵州省委宣传部指导，省发展改革委、省经信委、省商务厅等十二家单位共同主办的“庆祝改革开放 40 周年·成长在贵州优秀企业/企业家颁奖”暨成果展示活动在贵阳举行。本次活动于 2018 年 4 月 28 日启动，近 300 家企业报名角逐，150 多家企业进入网上投票环节，总投票数超过 1100 万人次。经过初评、网上投票、专家评选和业绩评分等环节，最终评选结果揭晓。当天的颁奖暨成果展示活动中，现场为获得“特别贡献企业”“特别贡献企业家”“十佳社会责任担当型企业”“十佳诚信企业”“十佳创新成长型企业”“十佳民营企业”和“十佳民营企业家”七大类奖项的获奖单位及获奖者颁奖。盘江煤电集团等企业受到表彰。

B.19
后 记

本书是贵州省社会科学院党建研究所与贵州省社会科学院文化研究所、贵州省社会科学院农村发展研究所、贵州省社会科学院法律研究所等多部门合作形成的集体研究成果。本书对贵州省国有企业2018年履行社会责任的情况进行了全面分析和总结，选择黔东南州和黔西南州国有企业履行社会责任的情况作为样本进行具体分析；选择茅台集团、瓮福集团、开磷集团进行随机抽样问卷调查。总的看来，在省委、省政府的大力推动下，贵州省国有企业履行社会责任特别是在脱贫攻坚、生态建设、科技创新中举措有力，在社会上得到高度认可和赞誉，实现了政治责任、经济责任和社会责任的高度统一。

国有企业不仅是国民经济的重要组成部分，也是履行社会责任的“火车头”“先锋兵”。履行社会责任已成为国有企业共识，随着中央中心任务的推进和贵州省大扶贫、大数据、大生态战略的实施，贵州省国有企业社会责任履行也伴随着中心任务而实施。随着国有企业产权制度改革三年行动方案落实，贵州省国有企业社会责任履行将发生一些内容上的变化；随着科技创新认识的进一步提高，贵州省国有企业将实现转型升级；随着贵州省品牌建设促进会的成立，贵州省国有企业品牌将再创新的辉煌。

皮书起源

“皮书”起源于十七、十八世纪的英国，主要指官方或社会组织正式发表的重要文件或报告，多以“白皮书”命名。在中国，“皮书”这一概念被社会广泛接受，并被成功运作、发展成为一种全新的出版形态，则源于中国社会科学院社会科学文献出版社。

皮书定义

皮书是对中国与世界发展状况和热点问题进行年度监测，以专业的角度、专家的视野和实证研究方法，针对某一领域或区域现状与发展态势展开分析和预测，具备原创性、实证性、专业性、连续性、前沿性、时效性等特点的公开出版物，由一系列权威研究报告组成。

皮书作者

皮书系列的作者以中国社会科学院、著名高校、地方社会科学院的研究人员为主，多为国内一流研究机构的权威专家学者，他们的看法和观点代表了学界对中国与世界的现实和未来最高水平的解读与分析。

皮书荣誉

皮书系列已成为社会科学文献出版社的著名图书品牌和中国社会科学院的知名学术品牌。2016 年，皮书系列正式列入“十三五”国家重点出版规划项目；2013~2019 年，重点皮书列入中国社会科学院承担的国家哲学社会科学创新工程项目；2019 年，64 种院外皮书使用“中国社会科学院创新工程学术出版项目”标识。

S 基本子库
UB DATABASE

中国社会发展数据库（下设 12 个子库）

全面整合国内外中国社会发展研究成果，汇聚独家统计数据、深度分析报告，涉及社会、人口、政治、教育、法律等 12 个领域，为了解中国社会发展动态、跟踪社会核心热点、分析社会发展趋势提供一站式资源搜索和数据分析与挖掘服务。

中国经济发展数据库（下设 12 个子库）

基于“皮书系列”中涉及中国经济发展的研究资料构建，内容涵盖宏观经济、农业经济、工业经济、产业经济等 12 个重点经济领域，为实时掌控经济运行态势、把握经济发展规律、洞察经济形势、进行经济决策提供参考和依据。

中国行业发展数据库（下设 17 个子库）

以中国国民经济行业分类为依据，覆盖金融业、旅游、医疗卫生、交通运输、能源矿产等 100 多个行业，跟踪分析国民经济相关行业市场运行状况和政策导向，汇集行业发展前沿资讯，为投资、从业及各种经济决策提供理论基础和实践指导。

中国区域发展数据库（下设 6 个子库）

对中国特定区域内的经济、社会、文化等领域现状与发展情况进行深度分析和预测，研究层级至县及县以下行政区，涉及地区、区域经济体、城市、农村等不同维度。为地方经济社会宏观态势研究、发展经验研究、案例分析提供数据服务。

中国文化传媒数据库（下设 18 个子库）

汇聚文化传媒领域专家观点、热点资讯，梳理国内外中国文化发展相关学术研究成果、一手统计数据，涵盖文化产业、新闻传播、电影娱乐、文学艺术、群众文化等 18 个重点研究领域。为文化传媒研究提供相关数据、研究报告和综合分析服务。

世界经济与国际关系数据库（下设 6 个子库）

立足“皮书系列”世界经济、国际关系相关学术资源，整合世界经济、国际政治、世界文化与科技、全球性问题、国际组织与国际法、区域研究 6 大领域研究成果，为世界经济与国际关系研究提供全方位数据分析，为决策和形势研判提供参考。